Klaus H. Orth

Fulda
zu Fuß

Die schönsten Sehenswürdigkeiten
zu Fuß entdecken

Die Angaben und Informationen in diesem Buch sind aktuell recherchiert und vor Drucklegung sorgfältig überprüft worden. *Sie erheben jedoch keinen Anspruch auf Vollständigkeit zum Zeitpunkt der Veröffentlichung.* Trotzdem ist darauf hinzuweisen, dass sich Telefonnummern, Öffnungszeiten und andere Angaben im Lauf der Zeit ändern können. *Weder der Autor noch der Verlag übernehmen trotz größtmöglicher Sorgfalt Verantwortung und Haftung für eventuelle Fehler.*

Die Zeichen und ihre Bedeutung

🚌 Buslinien

 Kinderspaß ist garantiert

2. überarbeitete und erweiterte Auflage
Alle Rechte vorbehalten • Societäts-Verlag
© 2012 Frankfurter Societäts-Medien GmbH
Satz: Julia Desch, Societäts-Verlag
Umschlaggestaltung: Julia Desch, Societäts-Verlag
Umschlagabbildung: Klaus H. Orth
Druck und Verarbeitung: freiburger graphische betriebe
Printed in Germany 2014

ISBN 978-3-95542-103-8

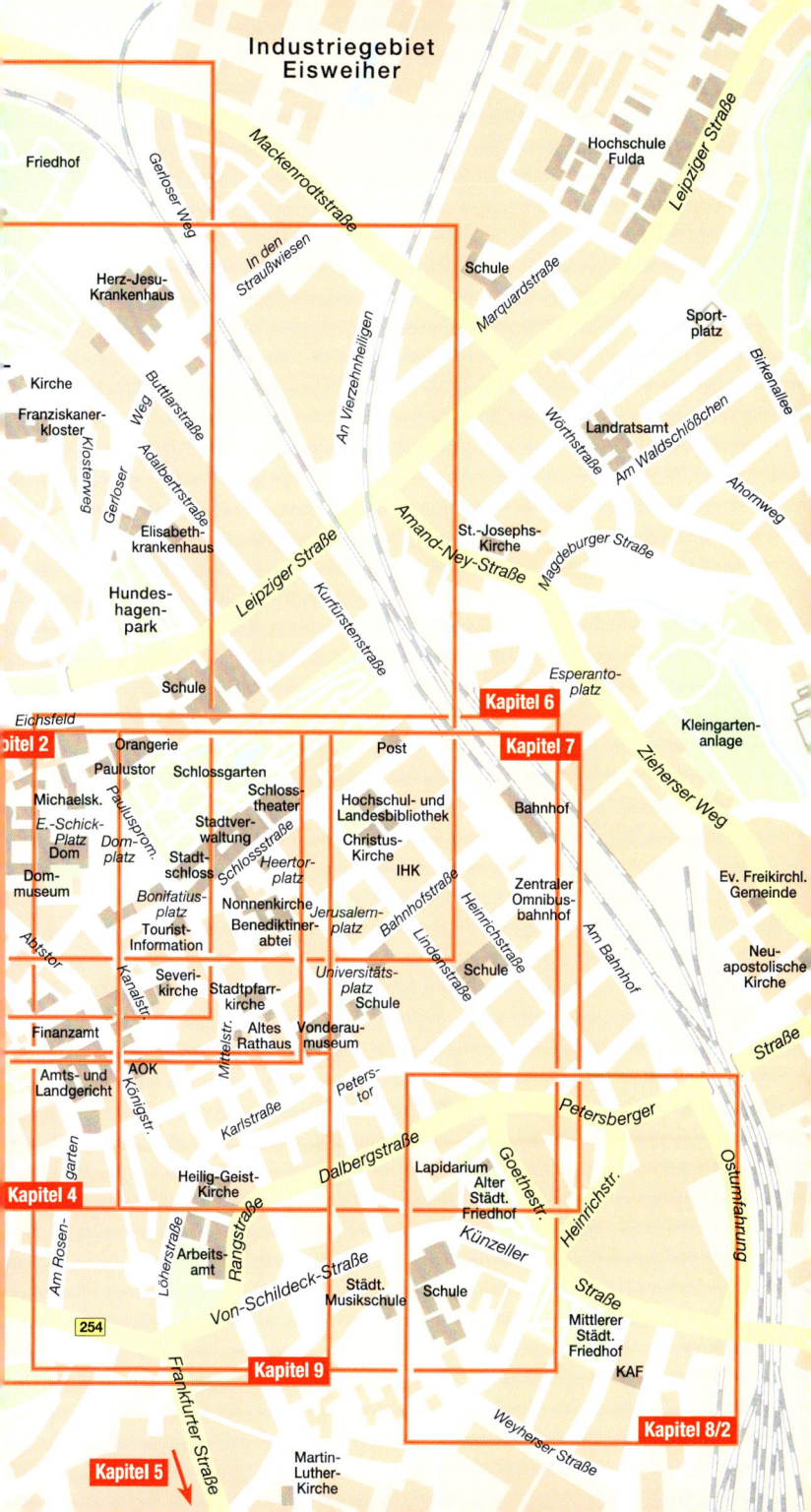

Inhalt

Vorwort   7

Lebendiges Andenken –
Auf den Spuren des
heiligen Bonifatius   8

Mittelalter-Rundgang –
Steinerne Zeugen,
famoses Fachwerk   22

Entlang der Fulda –
Von St. Andreas zur
Propstei Johannesberg   36

Blütezeit Barock –
Dientzenhofer, Gallasini
und Co.   52

Fürstliche Freuden –
Ausflug nach Schloss Fasanerie   76

Der „Fürst zu Fulda" – Eine königliche Entdeckungstour 94

Bummeln und Genießen – Auf die Plätze, fertig, los!  108

 Oasen in der Stadt – Ab ins Grüne ... 132

Viel Kultur auf kurzer Strecke – Die Löherstraße  152

Service 168

Literatur 169

Bildnachweis 172

Autorenporträt 173

Vorwort

Wer eine Liebe erklären möchte, dem fehlen oft zunächst die Worte. Zwar scheinen die Schönheiten und Liebenswürdigkeiten des Gegenübers klar auf der Hand zu liegen. Doch welchem jener vielen Vorzüge nun den Vorrang geben? Was man auf keinen Fall vergessen darf oder besser weglassen sollte, diktiert einem aber nicht allein der Kopf. Auch das Gefühl hat ein Mitspracherecht. Schließlich ist eine Liebeserklärung in erster Linie eine Herzensangelegenheit – auch wenn sie sich an eine Stadt richtet.

Fulda – ein Name, ein Begriff, der bei jedem unterschiedliche Assoziationen weckt. Der Geschichtsinteressierte denkt an Bonifatius, der Kunstfreund an Barock. Bahnreisenden fällt der ICE-Halt ein, Liebhabern von Herzhaftem Kümmelbrot und Schwartemagen. Andere verbinden mit Fulda die Rhön, ein attraktives Tourismus- und Kongresszentrum, einen pulsierenden Hochschul- und Wirtschaftsstandort im Herzen Deutschlands. Für mich ist Fulda aber in erster Linie eines: meine Heimatstadt.

Aus dieser persönlichen Perspektive heraus habe ich mich an die Arbeit an diesem Buch und zugleich auf den Weg gemacht. Ergebnis ist eine Hommage in neun thematischen Spaziergängen. Sie richten die Aufmerksamkeit auf unterschiedliche Aspekte, erzählen von Geschichte und Geschichten, weisen auf Sehenswertes hin und geben Tipps.

Der Band „Fulda zu Fuß" lädt zu Erkundungstouren ein. In der Stadt der kurzen Wege lässt sich vieles per pedes erreichen. Liegen Ziele mal weiter weg, sind Busverbindungen für die Hin-, Weiter- oder Rückfahrt genannt. Die Kilometerangaben zu Beginn jedes Kapitels beschränken sich auf die reine Gehstrecke und sind wie die Zeitangaben als grobe Orientierung gedacht. Planen Sie immer noch mehr Zeit ein! Es lohnt sich.

Ich freue mich, dass Sie sich mit mir auf den Weg machen. Lassen Sie uns Schritt für Schritt eine Stadt entdecken, die alle Liebeserklärungen wert ist.

Klaus H. Orth

Lebendiges Andenken –
Auf den Spuren des
heiligen Bonifatius

Lebendiges Andenken – Auf den Spuren des heiligen Bonifatius

In Fulda ist das Andenken an den heiligen Winfried Bonifatius lebendig, auf dessen Auftrag die Gründung des Klosters Fulda durch seinen Schüler Sturmius im Jahre 744 zurückgeht. 751 weihte Bonifatius dort den Altar der ersten Klosterkirche zu Ehren des heiligen Erlösers und erreichte bei Papst Zacharias in Rom, dass das Kloster von der bischöflichen Gerichtsbarkeit befreit und direkt dem Apostolischen Stuhl unterstellt wurde. Am 5. Juni 754 erlitt der angelsächsische Mönch, Missionar, Erzbischof, Gelehrte und päpstliche Legat bei Dokkum in Friesland den Märtyrertod. Bonifatius' Leichnam wurde über Utrecht und Mainz nach Fulda gebracht. In seinem erklärten Lieblingskloster Fulda fand der bedeutende Kirchenmann am 9. Juli 754 seine letzte Ruhestätte, die seitdem zum Ziel von Wallfahrern wurde. Das Kloster erhielt zahlreiche Schenkungen, prosperierte und entfaltete sich kulturell. Aus der Keimzelle des Klosters entwickelte sich später die Stadt.

Dauer: gut 2,5 Stunden (mit Besuch des Dommuseums)
Länge: zirka 5 Kilometer (inklusive Rückweg zu Fuß)
Strecke: Leichte Steigungen, einige Treppen und etwas Gefälle sind zu bewältigen.

Bonifatiusdenkmal

Spuren des Bonifatius und Stätten, die an ihn erinnern, widmet sich der erste Spaziergang. Er beginnt am Bonifatiusplatz, dem ehemaligen Fruchtmarkt, vor dem Schloss. Dort wurde dem Mann Gottes 1842 das eindrucksvolle Bonifatiusdenkmal errichtet, aus dem die herausragende überkonfessionelle und nationale Bedeutung des Heiligen im 19. Jahrhundert spricht, der oft als „Apostel der Deutschen"

apostrophiert wird. Auf einem hohen Sandsteinpostament erhebt sich das mächtige, fast vier Meter hohe bronzene Standbild, ein Werk des Kasseler Bildhauers Werner Henschel. Es stellt den angelsächsischen Mönch und Missionar, der das Licht des Glaubens nach Germanien brachte, als heldenhaften Hünen im faltenreichen Gewand dar. In seiner linken Hand hält er die aufgeschlagene Bibel, die rechte hebt

Bonifatiusdenkmal

das Kreuz gen Himmel. Auf dem Sockel ist in Latein das Wort des Propheten Jesaja zu lesen: „Das Wort des Herrn bleibt in Ewigkeit." Vier bronzene Reliefs stellen die Landung des Heiligen auf dem europäischen Festland, die Fällung der Donareiche bei Geismar, die Gründung des Klosters Fulda und den Tod in Friesland dar.

Die Stationen des bewegten Lebens von Bonifatius regten vor wenigen Jahren auch die Fantasie einiger junger Kulturschaffender in Fulda an. Die Spotlight Musicalproduktion GmbH feierte 2004, also im 1250. Todesjahr des Heiligen, auf der Bühne des Fuldaer Schlosstheaters mit großem Erfolg die Weltpremiere von „Bonifatius – Das Musical". Das moderne Musiktheater mit gefühlvollen Balladen, kraftvollen Songs und mitreißenden Tanzszenen wurde zum Publikumsmagneten. Alle Aufführungen waren ausverkauft – ebenso die Wiederaufnahmen des Stücks in den Folgejahren. 2005 erhielt die Produktion die Auszeichnung als „Musical des Jahres", und der Missionar war zum Popstar geworden.

Bonifatius, Botschafter des Wortes Gottes, war nicht nur ein bedeutender, sondern tatsächlich auch von seiner Statur her ein großer Mann. Das ergab 1966 die Untersuchung der Gebeine aus dem Bonifatiusgrab im nahe gelegenen Dom, der zweiten Station des Spaziergangs. Die Forscher fanden heraus, dass es sich um einen muskulösen Mann von 1,85 bis 1,90 Metern Länge gehandelt haben muss, der hochbetagt gestorben ist. Angesichts dieser Körpermaße lässt sich die legendäre Aktion trefflich vorstellen, die den Missionar berühmt machte: Anno 723 brachte Bonifatius bei Geismar in der Nähe von Fritzlar eine dem Germanen-Gott Donar geweihte Eiche zu Fall und verwendete das Holz für den Bau einer kleinen Kirche. Diese weihte er dem heiligen Petrus. Aus ihr entstand das Kloster Fritzlar, von dem aus Sturmius aufbrach, in Buchonia das Kloster Fulda zu gründen.

Bonifatiusaltar im Dom zu Fulda

Detail des Bonifatiusaltars

Bonifatiusgemälde von Emanuel Wohlhaubter

Bonifatiusgruft im Dom

Die Bonifatiusgruft unter dem Hochchor des barocken Kathedralbaus von Johann Dientzenhofer erreicht man zu beiden Seiten über breite Treppen. Sie ist Anziehungspunkt für Bonifatius-Verehrer und jährlich um den 5. Juni herum besonders für Wallfahrer aus nah und fern. Der Bonifatiusaltar von Johannes Neudecker dem Älteren, eine herrliche Arbeit aus schwarzem Marmor und Alabaster, kündet von Tod und Auferstehung des Heiligen. Das Altarbild erzählt vom Martyrium des Bonifatius: Die

Waffe des Mörders durchbohrt seinen Kopf, getroffen sinkt der Missionar zu Boden, lässt ein Buch aus seiner Hand fallen. Auf dem Hochrelief des Antependiums stemmen zwei Engel den Sargdeckel nach oben, und Bonifatius erhebt sich aus dem Grab.

Über dem linken Abstieg zur Bonifatiusgruft zeigt ein Ölgemälde den „Märtyrertod des heiligen Bonifatius" in einer dramatisch bewegenden Szene. Das Bild von 1745 ist ein Werk des Fuldaer Hofmalers Emanuel Wohlhaubter und war früher Altarbild in der Kapelle der Sommerresidenz Schloss Fasanerie bei Fulda.

Dommuseum

Durch die Seitentür geht es nach wenigen Schritten nach rechts ins Dommuseum. Es wartet mit einer der bedeutendsten Sammlungen barocker liturgischer Geräte, Textilien und Teilen des Silbernen Altars auf sowie mit mittelalterlicher Plastik, Bildern und archäologischen Funden zur Geschichte und Baugeschichte des Klosters.

Auf dem Rundgang durch die Präsentation trifft der Besucher auf zahlreiche Exponate, die auf Bonifatius verweisen, darunter „Das Martyrium des heiligen Bonifatius", das Johannes Klemp 1625 für den Bonifatiusaltar der Stiftskirche gemalt hat, und eine Silberfigur von Johann Zeckel aus dem Jahr 1716. Sie zeigt Bonifatius als Erzbischof von

„Das Martyrium des heiligen Bonifatius" von Johannes Klemp

Silberfigur des heiligen Bonifatius von Johann Zeckel

Mainz. In seiner rechten Hand hält er den Bischofsstab, in seiner linken das Schwert mit durchbohrtem Buch. Es ist zu seinem Attribut geworden und würdigt ihn nicht zuletzt als Wissensvermittler.

Der Legende nach soll Bonifatius zum Schutz vor dem Schwert des Mörders ein Buch über sein Haupt gehalten haben. Ein Faksimile des berühmten Ragyndrudis-Codex ist in einer Vitrine zu bestaunen. Das Original, das sich einst im Besitz des Bonifatius befunden hat und nun zum Domschatz gehört, weist auf der Ober- und Unterseite des

Faksimile des Ragyndrudis-Codex

Silberner Altar mit dem Hauptreliquiar des heiligen Bonifatius

Buchblocks tiefe Einschnitte auf, die von einem Schwert oder Beil zu stammen scheinen.

An den Heiligen erinnern darüber hinaus der Name eines Abtsstabs aus Elfenbein, des sogenannten „Bonifatiusstabs", datiert in die erste Hälfte des 12. Jahrhunderts, und am Ende des Rundgangs die Silberne Kapelle mit dem Silbernen Altar und den ausgestellten Reliquien des heiligen Bonifatius und des heiligen Sturmius. Im Zentrum steht das Hauptreliquiar des „Apostels der Deutschen".

> **Ort/Kontakt:** Dommuseum Fulda, Domplatz 2, 36037 Fulda, Telefon 0661 87207, www.bistum-fulda.de
> **Öffnungszeiten:** 1. April–31. Oktober Di.–Sa. 10–17.30 Uhr, So. u. Feiertag 12.30–17.30 Uhr, 1. November–31. März Di.–Sa. 10–12.30 Uhr u. 13.30–16 Uhr, So. u. Feiertag 12.30–16 Uhr; geöffnet: Ostermontag, Pfingstmontag, 2. Weihnachtstag, Silvester, Neujahr; geschlossen: 15. Januar–15. Februar, Karfreitag bis Ostersonntag, Pfingstsonntag, Heiligabend, 1. Weihnachtstag

> **Eintritt:** Erwachsene 2,10 Euro, Schüler 1,30 Euro, Gruppen pro Person 1,60 Euro
> **Führungen:** nach Vereinbarung

Nach dem eindrucksreichen Rundgang führt der Weg über Domplatz und Freitreppe links die Pauluspromenade hinauf,

Bonifatiuskirche in Fulda-Horas

über die Leipziger Straße auf die Alfred-Dregger-Allee und dann bis zur Marienstraße. Der parallele Fußweg auf der gegenüberliegenden Straßenseite lenkt den Spaziergänger unterhalb des Frauenbergs entlang, der mit seiner idyllischen Grünanlage beliebtes Ziel von Flaneuren, Verliebten, jungen Eltern mit Kinderwagen und nicht zuletzt von Hundebesitzern ist. Da sich Bonifatius nach der Gründung des Klosters Fulda häufig auf dem Frauenberg aufgehalten haben soll, wurde er früher auch „Bischofsberg" genannt. Nach den Tennisanlagen zweigt ein Weg nach links in den Fuldaer Stadtteil Horas ab.

Bonifatiuskirche

Rasch erblickt man den stattlichen Glockenturm der Bonifatiuskirche. Von der Straße Am Kalvarienberg geht es an der Marienstraße über den Bahnübergang in die Kirchstraße. Nach einigen Metern steht man vor dem dreischiffigen, kreuzförmigen neogotischen Gotteshaus. Es wurde nach Plänen des Paderborner Diözesanbaumeisters Arnold Güldenpfennig in den Jahren 1881 bis 1885 errichtet. Das zweitürige Hauptportal schmückt die gefasste Steinplastik des heiligen Bonifatius.

Nun geht es links der Kirche einige Stufen hinunter, am Pfarrzentrum vorbei und rechts hinein in die Bonifatiusstraße.

Steinplastik des heiligen Bonifatius

Bonifatiusbrunnen

Nach wenigen Metern beginnt links ein Fußweg, über den der Spaziergänger zum Bonifatiusbrunnen am nördlichen Hang des Kalvarienbergs gelangt. Der jüngst restaurierte Brunnen plätschert leise vor sich hin.

Gleich ins Auge fällt die kleine im Barockzeitalter geschaffene Anlage mit Bildstock. Hinter einem Schräggitter ist ein Steinrelief zu erkennen, auf dem der heilige Bonifatius im Benediktinergewand mit Brustkreuz dargestellt ist. Er kniet betend vor einem Baum, an dem ein Kruzifix befestigt ist. Zu Füßen des Heiligen entspringt eine Quelle.

Bonifatiusbrunnen

Die Inschrift darunter verweist in lateinischer Sprache unter anderem darauf, dass es sich hier um den Ort handelt, an dem Bonifatius zu bestimmter Stunde Gott seine Horen (kleine Tagzeiten) dargebracht haben soll. Am Bonifatiusbrunnen, der letzten Station dieses Spaziergangs auf den Spuren des Heiligen, sollte übrigens ursprünglich das prächtige Bonifatiusdenkmal errichtet werden, an dem diese Tour gestartet ist.

Nach der kleinen Brücke über den Horasbach geht man links auf einem Weg durch die Grünanlage zur Straße Am Dorfbach, überquert diese und den zentralen Platz und erreicht die Schlitzer Straße. Auf der anderen Seite ist die Bushaltestelle Horas-Zentrum.

🚌 Rückfahrt: Haltestelle Horas-Zentrum, Buslinie 2, bis Busbahnhof Stadtschloss

Barocker Bildstock

Tipp: Wer sich noch ein wenig die Füße vertreten will, der kann sich in einer der Horaser Bäckereien und Metzgereien kurz stärken, läuft dann auf der Schlitzer Straße in Richtung Fulda und biegt vor der Bahnbrücke rechts in den Justus-Schneider-Weg ein. Dieser führt durch die Fuldawiesen und bietet einen besonderen Blick auf den Frauenberg. Entlang der Fulda und unter der Langebrücke hindurch erreicht man den Weg An der Blumenmauer. Von da aus geht es über Tränke, Abtstor, Wilhelmstraße und Johannes-Dyba-Allee zurück zum Bonifatiusplatz.

Mittelalter-Rundgang – Steinerne Zeugen, famoses Fachwerk

Mittelalter-Rundgang –
Steinerne Zeugen, famoses Fachwerk

Das im Jahre 744 gegründete „kloster fuldt" wuchs rasch. Durch das segensreiche Wirken von Rabanus Maurus, der dem Kloster von 822 bis 842 als Abt vorstand, wurde es zum Zentrum des Geistes und der Gelehrsamkeit im Ostfränkischen Reich. Unter ihrem wichtigsten Lehrer erlangten Klosterschule, Bibliothek, Schreib- und Malschule einen einzigartigen Ruf. Rabanus Maurus verfasste bedeutende Schriften und ist Dichter des Hymnus „Veni Creator Spiritus". Während seiner Zeit als Abt zählte das Kloster Fulda mehr als 600 Mönche. Dies gab den Impuls dafür, dass nach und nach die Stadt Fulda entstand. Denn um das Kloster siedelten sich Handwerker und Kaufleute an. Wobei sich die südöstlich des Klosters gelegene Ansiedlung zunächst zum „dorf" und dann zur „statt fuldt" entwickelte.

> **Dauer:** rund 1 Stunde (mit Besichtigung Michaelskirche)
> **Länge:** gut 1 Kilometer
> **Strecke:** zahlreiche Steigungen und Gefälle, wechselnder Bodenbelag, teilweise historisches Pflaster

Aus dem Mittelalter sind in Fulda zahlreiche steinerne Zeugen erhalten. Straßennamen und Plätze erinnern zudem an jene Zeit, die lange als finster beschrieben wurde, aber so düster per se nicht gewesen sein dürfte. Auch das möchte dieser Spaziergang vermitteln.

Michaelskirche

Ausgangspunkt ist die Michaelskirche im ehemaligen Fuldaer Klosterbezirk. Das Gotteshaus gilt als eine der ältesten Kirchen

Eine der ältesten Kirchen Deutschlands: die Michaelskirche

Deutschlands. Unter Abt Eigil, dem dritten Abt des Klosters Fulda, wurde die Michaelskirche ab 819 als Begräbniskirche des Klosters erbaut – ursprünglich wohl als ein eingeschossiger Rundbau mit Kegeldach, östlichem Nischenanbau und Krypta. Letztere ist mit ihrem Gewölbe und der Säule in der Mitte durch die Jahrhunderte bis heute nahezu unverändert erhalten.

Das erstaunt umso mehr, als der karolingische Ursprungsbau bereits im 10. Jahrhundert mit Ausnahme eben der Krypta zerstört wurde. Schon wenig später begann man mit der Neuerrichtung. Die Rotunde wurde im 11. Jahrhundert erhöht, das heutige Langhaus mit dem Turm wurde geschaffen und weitere kleinere Anbauten wurden ergänzt. So entstand eine romanische Kreuzanlage. Das Gotteshaus war nun nicht länger Friedhofskapelle, sondern Kirche des Nebenklosters – der Propstei Michaelsberg.

Wenngleich die Michaelskirche im Laufe der folgenden Jahrhunderte verschiedene bauliche Veränderungen außen wie innen erfahren hat, so ist und bleibt sie doch eine stille steinerne Zeugin des Mittelalters. Im Schutz ihrer wehrhaften Mauern darf der Besucher von heute Hektik und Lärm der modernen Gesellschaft für kurze Zeit vergessen, achtsam nach innen lauschen und erhält eine Ahnung von Ewigkeit. Denn eine mystische Wirkung ist überall im Innern der Kirche spürbar. Beeindruckt steht man in der Rotunde, betrachtet die Reste der mittelalterlichen Wandmalerei, staunt über die Passionstafel in der

Reste mittelalterlicher Wandmalerei

Rochuskapelle, atmet in der Krypta Geschichte, ist berührt von der heilsamen Stille.

Nach dem Verlassen der Michaelskirche geht es rechts den asphaltierten Fußweg hinunter. Am Ende der Steinmauer biegen wir nach links ab, erreichen den Eduard-Schick-Platz, gehen an der Hauptfassade des Domes vorbei, überqueren die Johannes-Dyba-Allee in Richtung Altstadt und kommen in die Kanalstraße.

Krypta der Michaelskirche

> **Ort/Kontakt:** Michaelskirche, Michaelsberg 1, 36037 Fulda, www.bistum-fulda.de
>
> **Öffnungszeiten:** 1. April–31. Oktober 10–18 Uhr, 1. November–31. März 10–12 Uhr u. 14–17 Uhr. Geschlossen an Heiligabend, Silvester und Rosenmontag. Besichtigungen sind nur außerhalb der Gottesdienste möglich. Die Michaelskirche ist bei Heiratswilligen für Trauungen und bei Paaren, die gerade Elternfreuden erfahren durften, für die Taufe des Nachwuchses äußerst beliebt. Zudem wird sie traditionell vom jeweils amtierenden Bischof als Privatkapelle genutzt.

Stadtbefestigung und „Hexenturm"

Efeu und wilder Wein ranken sich hier entlang der alten Mauer. Wir blicken auf Teile der einstigen Stadtbefestigung. Sie sollte einst die Stadt vor räuberischen Banden schützen. Nachdem bereits im 10. Jahrhundert der Klosterbezirk ummauert worden war, entstand die erste Stadtmauer Fuldas nach 1150 unter Abt Marquard. An den Toranlagen der Stadtmauer wurden Waren kontrolliert. In späteren Jahrhunderten mussten Besucher dort Zölle und Pflastergeld entrichten. Die Mauer in diesem Bereich wurde durchbrochen von mehreren Toranlagen und besaß Wehr- und Sicherungstürme.

Auch der sogenannte „Hexenturm" gehörte zur Stadtmauer, die hier direkt an den Klosterbezirk grenzte. Der 14 Meter hohe Rundturm ist der besterhaltene Wehrturm der mittelalterlichen Stadtbefestigung. Er sollte das einst direkt am Turm gelegene „Frauentörlein" sichern, das den Zugang vom Kloster zur Bürgerstadt bildete.

Woher der Name „Hexenturm" kommt und wie es sich mit ihm verhält, liegt im Dunkeln. Viele freche Fuldaer Kinder – der Autor dieses Bandes eingeschlossen – mussten sich im Angesicht dieses feuchten und finstren Gemäuers gruselige Geschichten anhören. Mit diesen glaubten Erwachsene den Nachwuchs einschüchtern zu können, um ihn zur Raison zu bringen, wenn er mal wieder nicht recht spurte. Fakt ist: Historiker bezweifeln aufgrund der Bauweise des Turms, dass er tatsächlich dazu genutzt wurde, Gefangene festzuhalten. Doch die Bezeichnung „Hexenturm" hält sich hartnäckig. Auch aus diesem Grund wurde dort eine Hinweistafel angebracht. Sie verweist darauf, dass 2008 für die zirka 270 Opfer der Hexenverfolgung im Hochstift Fulda eine Gedenkstätte eingeweiht wurde. Sie befindet sich auf dem etwa 500 Meter entfernten Alten Dompfarrlichen Friedhof. Interessierte erreichen ihn über die Pauluspromenade Richtung Frauenberg an der Leipziger Straße in Höhe Weimarer Tunnel.

Stadtbefestigung mit dem sogenannten „Hexenturm"

Geburtshaus von Karl Ferdinand Braun

Gleich an der Ecke zur Habsburgergasse kommen wir an einem Fachwerkhaus (Kanalstraße 1b) vorbei, das zwar nicht aus dem Mittelalter stammt, aber dennoch nicht unerwähnt bleiben soll. Denn das um 1770 errichtete viergeschossige Gebäude ist das Geburtshaus von Karl Ferdinand Braun. Er erhielt 1909 den Nobelpreis für Physik, zusammen mit dem Italiener Guglielmo Marconi, „als Anerkennung ihrer Verdienste um die Entwicklung der drahtlosen Telegrafie" und war Erfinder der Kathodenstrahlröhre. Sie bildet die Grundlage des Röhrenfernsehapparats.

Severiberg

Doch nun zurück ins Mittelalter – und das heißt nach wenigen Metern einbiegen in die Rittergasse, in der die Ritter der Rhön ihre Winterquartiere hatten, und über die Querverbindung Rosengasse hinauf zum Severiberg. Erster Blickfang ist die Severikirche. Die kleine gotische Saalkirche wurde 1451 als Zunftkapelle der Wollweber errichtet und St. Severus, dem Schutzheiligen dieser Zunft, geweiht.

Ein Stück den Severiberg hinauf hinter der Kirche steht das Haus „Zum Totenbein" oder auch „Totenbein-Haus" (Severiberg 1). Denn hier befand sich einst ein Friedhof, dem der in Bruchstein gemauerte Teil des Gebäudes als Beinhaus diente. Nach der Auflösung des Friedhofs wurde im 17. Jahrhundert auf das gemauerte Untergeschoss Fachwerk aufgesetzt, das eigentlich typisch für den Harz ist. Kein Wunder, kam der verantwortliche Zimmermann doch aus der schönen Fachwerkstadt Goslar. Mittlerweile ist das „GestaltenWerk" des Fuldaer Antoniusheims, einer Einrichtung für Menschen mit und ohne Behinderung, in das nach dem Zweiten Weltkrieg erneuerte Haus eingezogen und bietet kunsthandwerkliche Waren aller Art.

Gegenüber fällt ein stattliches Wohn- und Geschäftshaus (Severiberg 4) auf, das im Kern aus dem 15. Jahrhundert stammt. Das massive Erdgeschoss ist bestimmt durch ein gotisches Portal. Aus dem einstigen Durchgang ist heute ein Schaufenster geworden, durch das man die Leckereien der „Altstadt-Bäckerei Ballmaier" in der Auslage bewundern kann. Über dem Erdgeschoss ruht ein Fachwerkgeschoss, in dessen Putz sich die Datierung „Anno 1548" lesen lässt. Die Vier in der Jahreszahl ist dabei als

Severikirche

halbe Acht zu sehen. Wer wissen möchte, welchem Beruf die mittelalterlichen Hausbewohner nachgegangen sind, dem verrät dies gleich darüber die Hausmarke im zweiten Obergeschoss: Ein gekröntes Wappenschild mit Brezel in der Mitte zeigt, dass hier schon vor Hunderten von Jahren ein Bäcker seinem Handwerk nachging. Ein Lob der Traditionspflege! Das gilt auch für den „Stadtwächter". Das Fachwerkhaus (Pfandhausstraße 14) oberhalb des Severibergs ist eines der ältesten Gasthäuser in Fulda und Umgebung und verdankt seinen Namen dem Nacht- oder

„Altstadt-Bäckerei Ballmaier"

Schild der „Altstadt-Bäckerei-Ballmeier"

„Stadtwächter"

Schild des „Stadtwächters"

Stadtwächter, der einst hier zu Hause war.

Nicht nur Handwerker, auch Ritterfamilien wohnten in diesem Teil der Stadt beziehungsweise besaßen im Mittelalter hier ihre Stadthäuser. Diese wurden auch als Kemenaten bezeichnet. Einem schmucken Exemplar dieser Art begegnen wir an der Ecke Severiberg und Pfandhausstraße. Als Stadtwohnung der Ritterfamilie von Trimberg wird das Eckhaus „Zum roten Löwen" (Pfandhausstraße 11) 1330 erstmals urkundlich erwähnt. Diese Jahreszahl trägt auch das Wappen an der Hauswand, das an Konrad von Trimberg erinnert.

Mehrfach wurde das Eckhaus umgebaut. Beispielsweise kam auf die beiden unteren Geschosse aus Stein 1830 ein Obergeschoss in Fachwerkbauweise. Letztere kann man nicht mehr erkennen, denn das Haus ist heute unter Putz. Auch die Nutzung wechselte. Im 19. Jahrhundert regierte hier erst die Strenge, wenn auch nur für kurze Zeit, als das Gebäude eine Realschule beherbergte. Danach schlug hier wohl so mancher über die Stränge, nachdem das Eckhaus zum geselligen Wein- und Gasthaus umfunktioniert worden war.

Unterm Heilig Kreuz

Durch die Pfandhausstraße, in der Restaurants für gehobene Gastlichkeit sorgen, geht es hinauf zum Platz Unterm Heilig Kreuz. Im 10. Jahrhundert stand hier die erste Kirche, und im Laufe des Mittelalters entwickelte sich der Platz zum Zentrum der Stadt. Wichtige Voraussetzung dafür war, dass Kaiser Heinrich II. 1019 dem

Eckhaus „Zum roten Löwen"

Abt des Klosters Fulda das Markt-, Münz- und Zollrecht für Fulda verliehen hatte. Um diesem glücklichen Umstand ein weithin sichtbares Zeichen zu geben, wurde auf dem Forum ein Kreuz errichtet. Der Name des Platzes, Unterm Heilig Kreuz, verweist darauf.

Freunde des Fachwerks freuen sich Unterm Heilig Kreuz über das sogenannte Salzhaus (Unterm Heilig Kreuz 7). Um das Jahr 1540 wurde es errichtet, diente einst als Speicher zum Trocknen und Lagern von Salz, war um 1800 vorübergehend Poststelle und kam 1892 in den Besitz der Familie Mollenhauer.

Johann Andreas Mollenhauer hatte 1822 eine kleine Werkstatt für Holzblasinstrumente gegründet, die sich im Laufe der Jahrzehnte zu einer Marke entwickelt und um ein reichhaltiges Angebot erweitert hat. Hier hatte die Firma bis 1994 ihren Sitz, bevor das Mollenhauer-Team den neuen Musikfachmarkt im Gewerbepark „Kohlhäuser Feld" im Süden Fuldas bezog. Ein Besuch in der

Salzhaus – auch Mollenhauer-Haus

dortigen „Erlebniswelt Blockflöte" ist für Musikfreunde lehrreich und erhellend (Internet: www.erlebniswelt-blockfloete.de). Der Name Mollenhauer-Haus aber ist geblieben und unter Fuldaern geläufiger als die Bezeichnung Salzhaus. Heute befindet sich dort das Modegeschäft „Campo".

Altes Rathaus

Rechts an der Stadtpfarrkirche vorbei führt der Weg hinauf zum Alten Rathaus (Unterm Heilig Kreuz 10), der letzten Station dieses Spaziergangs. Der massive

Altes Rathaus

westliche Teil des Gebäudes stammt im Kern von 1500, der östliche Fachwerkbau, der ab 1968 weitgehend rekonstruiert wurde, datiert von 1531.

Ursprünglich war das Erdgeschoss eine offene Halle. Hier wurde gehandelt. Außerdem war das städtische Geschütz in diesem Gebäude untergebracht. Im Obergeschoss befanden sich Ratsstube, Rüstkammer und Tanzboden. Die Nutzung als Rathaus der Stadt Fulda endete 1782. Knapp hundert Jahre später wurden Wohnungen eingerichtet und im Jahr 1913 Geschäftsräume geschaffen – kein Wunder, denn es handelte sich schon damals um einen attraktiven Standort, oder wie man auf Neudeutsch sagen würde: eine Top-Lage. Die gotischen Arkaden sind verglast und dienen als Schaufenster des Modehauses „Köhler", das den Herrn von heute von Kopf bis Fuß mit den neuesten Trends ausstattet. Der Mann des Mittelalters würde darüber sicher staunen ...

> **Tipp:** Allen, die noch nicht müde sind und sich weiter auf mittelalterlicher Spurensuche die Füße vertreten möchten, seien noch folgende Ziele empfohlen: Das Peterstor (Am Peterstor/Rabanusstraße) und das Heertor (Busbahnhof Stadtschloss) sowie die Reste der Stadtmauer in der Brauhausstraße unterhalb des dortigen Parkhauses sind weitere Relikte der Stadtbefestigung, die nach diesem Spaziergang jeweils in fünf bis zehn Minuten fußläufig erreichbar sind.

Teile der alten Stadtbefestigung (von links): Peterstor, Brauhausstraße und Heertor

Entlang der Fulda – Von St. Andreas zur Propstei Johannesberg

Entlang der Fulda – Von St. Andreas zur Propstei Johannesberg

Natürlich gibt es nicht nur in Fuldas Innenstadt, sondern auch in den angrenzenden Stadtteilen und darüber hinaus vieles zu entdecken, was an die einstige überregionale Bedeutung des Klosters Fulda im frühen 11. Jahrhundert erinnert. Zahlreiche Schenkungen hatten den Landbesitz wachsen lassen, bei dessen

Verwaltung Nebenklöstern eine wichtige Rolle zukam. Ehemals bedeutenden Propsteien werden wir auf diesem Spaziergang begegnen, der von Neuenberg durch die Fulda-Auen nach Johannesberg führt, zum Staunen, Durchatmen und Krafttanken einlädt und nach dem Überqueren der Fulda in Kohlhaus endet. Von dort geht es per Bus wieder in die Innenstadt.

> **Dauer:** etwa 3 Stunden (mit Besichtigung von St. Andreas)
> **Länge:** gut 6 Kilometer
> **Strecke:** wenige Gefälle und Steigungen, viel Natur

🚌 Hinfahrt: Busbahnhof Stadtschloss, Buslinie 4 (Richtung Haimbach), bis Haltestelle Bonifatiushaus

St. Andreas

Mit dem Stadtbus erreicht man in gut fünf Minuten vom Busbahnhof Stadtschloss aus den Andreasberg im Fuldaer Stadtteil Neuenberg mit der einstigen Kloster- und Propsteikirche St. Andreas, die seit 1962 als Pfarrkirche dient und vom Kreuzgang aus zugänglich ist. Das 1766 barockisierte Gotteshaus aus ottonischer Zeit mit Turm aus dem 12. Jahrhundert birgt unterhalb des erhöhten Altars einen kunsthistorischen Schatz: eine Krypta mit bedeutenden frühmittelalterlichen Wandmalereien der berühmten Fuldaer Malschule, die seit dem 17. Jahrhundert unter diversen Putzschichten ruhten und vergessen waren. 1932 wurden

St. Andreas

Engel

sie bei der Sanierung des feuchten Mauerwerks wiederentdeckt.

1991 begannen Fachleute damit, die erhaltenen Reste akribisch zu sichern und zu reinigen, um die symbolreichen Malereien – darunter eine Prozession von 22 Engeln – wiedererstehen zu lassen.

Die Restaurierungsarbeiten dauerten bis 2006. Die Auferstehung des komplett ausgemalten Kirchenraums aus ottonischer Zeit, des einzig erhaltenen auf deutschem Boden neben der Georgskirche auf der Bodenseeinsel Reichenau, erhielt den Euro-

Krypta von St. Andreas

päischen Kulturpreis. Ein Gitter verschließt den Eingang zur Krypta. Wer das Gewölbe besichtigen möchte, sollte sich vorher telefonisch anmelden.

> **Ort/Kontakt:** St. Andreas Neuenberg, Andreasberg 5, 36041 Fulda, Telefon 0661 73102, www.st-andreas.info

Abt Richard, Vorsteher des Klosters Fulda, gab um 1020 den Auftrag zur Gründung des Filialklosters St. Andreas. Anlass dazu hatte der Besuch von Kaiser Heinrich II. und Papst Benedikt VIII. in Fulda gegeben. Das Kloster sollte jenseits der Fulda liegen, vom Hauptkloster aus in kurzer Zeit erreichbar sein und zu einer Stätte werden, in der die Regeln des heiligen Benedikt in ihrer reinen Form gelebt werden. Am 11. September 1023 wurde das Gotteshaus geweiht. Mit dem Kloster St. Andreas war das Fuldaer Kreuz mit dem Hauptkloster, das St. Salvator geweiht war, im Zentrum und den es umgebenden Nebenklöstern Frauenberg, Johannesberg, Petersberg und Andreasberg komplett.

In Anlehnung an das Ideal der „Ewigen Stadt" Rom war eine Topografie heiliger Orte entstanden, die von Pilgern auf kurzen Wegen erreicht werden konnten. Dort beteten sie, verehrten die ausgestellten Reliquien und ehrten Gott. Menschen siedelten in der Nähe des Filialklosters, und St. Andreas prosperierte. 1525 zerstörten aufständische Bauern große Teile des Klosters. Die Mönche flohen, das benediktinische Leben auf dem Andreasberg erlosch. Die Kirche St. Andreas aber blieb weitgehend verschont. Mit der Säkularisation 1802/03 verlor die Propstei ihre beträchtlichen Ländereien.

Auepark

Den Andreasberg hinunter kommen wir zur Bardostraße. Wir folgen an der Haimbacher Straße der Unterführung und gelangen rechts auf einen Fußweg, der in geringer Entfernung parallel zur Fulda verläuft. Entgegen der Fließrichtung wandern wir durch die Fulda-Aue. Der Auepark ist ein idyllisches Naherholungsgebiet, das vor allem bei Joggern, Radfahrern, Eltern mit kleinen Kindern und Senioren sehr beliebt ist. Denn auf ebener Strecke kann man hier nach Lust und Laune Luft und Sonne tanken. Der Park ist mit 16,5 Hektar die größte zusammenhängende Grünfläche im Stadtgebiet und das ganze Jahr über zugänglich. Kurz nach der nächsten Unterführung gibt es einen Spielplatz und eine Skater-Anlage, auf der Jugendliche bei gutem Wetter auf Brettern ihr Können demonstrieren.

Deutsches Feuerwehr-Museum Fulda

Wenn die Spaziergänge mal kürzer ausfallen müssen, weil es vom Himmel her heißt „Wasser marsch!", dann – und nicht nur dann! – ist das Deutsche Feuerwehr-Museum Fulda immer ein attraktives Ziel. Vor allem junge Familien findet man unter den Besuchern. Denn die Faszination des Nachwuchses für das wichtige Wirken der Männer und Frauen von der Feuerwehr ist ungebrochen. In der Dauerausstellung wird der komplette historische Bogen des Brandschutzes gespannt – vom Frühmenschen „homo erectus", der das Feuer kontrollierte, über die Brandbekämpfung im Mittelalter bis hin zu Meilensteinen der Motorisierung aus den 1960er Jahren.

Ein reicher Bestand von Feuerwehrfahrzeugen spiegelt die technische Weiter-

Deutsches Feuerwehr-Museum Fulda

entwicklung und die wachsenden Ansprüche an den Brand- und Katastrophenschutz wider. Ein Highlight ist die weltweit älteste erhaltene fahrbare Handdruckspritze, die 1624 während des Dreißigjährigen Krieges gebaut wurde. Da leuchten nicht nur Kinderaugen ...

> **Ort/Kontakt:** Deutsches Feuerwehr-Museum Fulda, St.-Laurentius-Str. 3, 36041 Fulda, Telefon 0661 75017, info@dfm-fulda.de, www.dfm-fulda.de
> **Öffnungszeiten:** Di.–So. 10–17 Uhr sowie nach Vereinbarung
> **Eintritt:** Erwachsene 5 Euro (ermäßigt 4 Euro), Familienticket 15 Euro, Kinder bis 6 Jahre freier Eintritt
> **Führungen:** (nur nach Voranmeldung) für Gruppen 39 Euro, für Schulklassen und Jugendfeuerwehrgruppen 28 Euro (jeweils zuzüglich zum Eintrittspreis)

Vor dem Deutschen Feuerwehr-Museum Fulda ist außerdem ein lehrreicher und geschmackvoll gestalteter „Feuergarten" angelegt worden, auf den man unbedingt einen Blick werfen sollte. Denn seit 2006 wächst und blüht hier allerhand, was „Feuer", „brennen" etc. im Namen trägt oder sonst mit dem „heißen" Thema zu tun hat: vom Feuerahorn über die Brennnessel bis hin zur Dach-Hauswurz, die nach mittelalterlichem Aberglauben zur Blitzabwehr auf das Dach gesetzt werden sollte, um Schaden vom Haus abzuwenden.

Dach-Hauswurz im „Feuergarten"

Umweltzentrum Fulda

Weiter geht es durch den Auepark – hin zum Umweltzentrum Fulda, das 1994 zur Landesgartenschau eröffnet wurde. Es bietet Information und Beratung. Ein Erlebnis für die Sinne ist der dazugehörende über 4000 Quadratmeter große Garten, der in einen Apotheker- und Heilpflanzengarten und einen Bauerngarten gegliedert ist. Darin werden alte Formen des Gartenbaus und ihre Pflanzen vorgestellt. Ab dem Frühjahr beginnt es hier zu grünen und zu blühen, und im Sommer verströmen diverse Gewürzpflanzen ihren Duft. Außerdem kann man im Frühling und Sommer im Öko-Bistro einkehren und sich stärken.

Ort/Kontakt: Umweltzentrum Fulda, Johannisstraße 44, 36041 Fulda, Telefon 0661 9709790, umweltzentrum-fulda@gmx.de, www.umweltzentrum-fulda.de
Öffnungszeiten: Mo.–Do. 13–16 Uhr, Garten ganzjährig zugänglich
Führungen/Beratung: nach Voranmeldung

Umweltzentrum Fulda

Auf dem Weg kommen wir an einem sandsteinernen Bildstock vorbei, der dem heiligen Bardo geweiht ist. Bardo war Mönch des Klosters Fulda und bis 1030 erster Propst des Klosters St. Andreas, des Ausgangspunkts unseres Spaziergangs. Der schon im Mittelalter als Heiliger verehrte Gottesmann starb 1051 als Erzbischof von Mainz, wo er auch begraben liegt. Wenige hundert Meter weiter kreuzen wir die Johannisstraße und werfen einen Blick auf die barocke Hornungsbrücke. Sie führt über die Fulda und ist mit zwei lebensgroßen Steinplastiken geschmückt: Johan-

Bardo-Bildstock im Auepark

Johannes der Täufer auf der Hornungsbrücke

nes der Täufer und eine Madonna mit Jesuskind. Von hier führte ursprünglich der Weg durch die Johannisau zur damaligen Propstei Johannesberg – daher der Name Johannisstraße.

Aueweiher

Nun geht es entlang der Aueweiher, an deren Ufern Angler ihrem Hobby nachgehen. Die Petrijünger des Angelsportvereins und die Mitglieder des Schiffsmodellsportclubs haben hier ihre Vereinshäuser.

Auch rechts des Weges mit dem schönen Namen Olympiastraße steht alles im Zeichen des Sports: Stadion, Sportplätze, Tennisanlage, Segelflugplatz und Reitanlage sind gerade am Wochenende Ziel für viele Aktive. Hinter der Karl-Storch-Straße blickt man auf das Terrain des 1879 gegründeten Kleingartenvereins Johannisau-Fulda e. V., des mit 300 Mitgliedern und acht Hektar größten Kleingartenvereins im Landkreis Fulda. Der asphaltierte Weg nach Johannesberg ist übrigens beliebt bei Rollerbladern, die hier im Sommer buchstäblich sehr entgegenkommend sind.

Die Aueweiher – ein Idyll für Angler und Spaziergänger

Propstei Johannesberg

Der Name des Fuldaer Stadtteils Johannesberg geht auf Johannes den Täufer und den Evangelisten Johannes zurück. Ihnen war die Kirche geweiht, die Anfang des 9. Jahrhunderts hier unter Abt Ratgar errichtet worden war. Abt Rabanus Maurus vergrößerte die Kirche wenig später und gründete ein Benediktinerkloster, das er mit Reliquien ausstattete. Baumeister Andreas Gallasini gestaltete die Propstei im 18. Jahrhundert unter Propst Conrad von Mengersen im Stil des Barock zur schlossartigen Anlage um.

Propstei Johannesberg

Mit der Säkularisierung endete die Macht der Propstei. Später hatten Ländereien und Anlagen als Staatsdomäne bis in die 1960er Jahre lange eine große wirtschaftliche Bedeutung. Doch die einstige Schönheit verblasste, Gebäude und Garten gaben ein trauriges Bild ab, bis in den 1980er Jahren durch eine gemeinsame Initiative des Landes Hessen und der Stadt Fulda der Komplex zum Fortbildungszentrum für Handwerk und Denkmalpflege wurde. 1984 begannen Experten mit der konsequenten

Gartenanlage der Propstei Johannesberg

Steinerne Schönheit

Sanierung und Restaurierung. Mit viel Sachverstand, Liebe zum Detail und hohem finanziellem Aufwand gingen die Fachleute zu Werke. Das Ergebnis verblüfft. Wo einst Gottesmänner walteten, sind heute Einrichtungen untergebracht, die sich mit Fortbildungs- und Beratungsangeboten in den Bereichen Denkmalpflege und Altbausanierung engagieren.

Interessierte können im Rahmen von Führungen, für die man sich in der Regel anmelden muss, die historischen Räume im Roten Bau sowie die Werkstätten und die Handwerkssammlung besuchen – ebenso die Kirche St. Johannis, die als Gemeindekirche genutzt wird. Ein besonderer Augenschmaus ist die barocke Gartenanlage, in der steinerne Schönheiten und Genuss in Grün warten.

> **Ort/Kontakt/Anmeldung:** Propstei Johannesberg, 36041 Fulda, Telefon 0661 9418130, info@propstei-johannesberg.de, www.propstei-johannesberg.de, www.foerderverein-propstei-johannesberg.de
>
> **Gruppenführungen:** 1. März–15. Dezember täglich 10–17 Uhr (nur nach Anmeldung). Die eineinhalbstündige Führung kostet für Erwachsene 4 Euro, für Schüler u. Studenten 2,50 Euro. Über das weitere Angebot an Führungen informiert aktuell die Internetseite des Fördervereins.

Kohlhäuser Brücke

Von der Propstei Johannesberg geht es entlang der alten Allee zur Kohlhäuser Brücke. Sie überspannt die Fulda, einen Nebenarm sowie das dazwischenliegende Hochwassergebiet. Das

Von der Allee führt die Kohlhäuser Brücke über die Fulda nach Kohlhaus

Blick auf die Allee

Werk aus Sandstein schmücken Figuren, die den heiligen Bonifatius und den heiligen Kaiser Heinrich sowie eine Madonna mit Kind und den heiligen Josef mit dem Jesusknaben darstellen.

Achten Sie aber bitte auf den Verkehr, denn einen ausgewiesenen Gehweg gibt es nicht auf der Kohlhäuser Brücke. Noch ein letzter Blick zurück hinüber zur Propstei, dann geht es links in die Frankfurter Straße. Nach wenigen hundert Metern befindet sich auf der gegenüberliegenden Seite die Haltestelle Ortesweg. Der Name erinnert an den frühzeitlichen Fernweg, der aus dem Marburger Raum über die Wetterau nach Fulda und weiter in die Rhön führte.

🚌 Rückfahrt: Kohlhaus, Frankfurter Straße, Haltestelle Ortesweg, Buslinie 6 (Richtung Marbach), bis Busbahnhof Stadtschloss

> **Tipp: St. Peter**
>
> Auch die Grabeskirche der heiligen Lioba auf dem Petersberg in der gleichnamigen an Fulda grenzenden Großgemeinde sollte man unbedingt besuchen. Das Gotteshaus gehört zu den ältesten erhaltenen Bauwerken Deutschlands. In der Krypta ist in einem Emailleschrein der Künstlerin Lioba Munz die Hauptreliquie der Heiligen zur Verehrung ausgestellt. Abt Rabanus Maurus ließ im 9. Jahrhundert auf dem Ugesberg dem heiligen

Petrus zu Ehren Kloster und Kirche errichten – daher der Name Petersberg.

Das Gotteshaus firmiert unter den Bewohnern der Region häufig als „Liobakirche". Das darf als Ausdruck für die Verehrung der heiligen Lioba verstanden werden. Die Gebeine der Missionarin und Verwandten des Bonifatius wurden 836 aus der Fuldaer Klosterkirche auf den Petersberg überführt und machten diesen zum Wallfahrtsort. Ein kleiner Schwesternkonvent lebt in der Cella neben St. Peter, betreut die Sakristei sowie Führungen und Pilgergruppen.

- 🚌 Hinfahrt: Busbahnhof Stadtschloss, Buslinie 9A (Richtung Petersberg Nord), bis Haltestelle Propsteihaus
- 🚌 Rückfahrt: Haltestelle Propsteihaus, Buslinie 9B (Richtung Ziehers Nord), bis Busbahnhof Stadtschloss

Besichtigung: nur nach Anmeldung
Kontakt: Cella St. Lioba, An Sankt Peter 1, 36100 Petersberg, Telefon 0661 62279, cella.stlioba@t-online.de

Grabeskirche der heiligen Lioba: St. Peter auf dem Petersberg

Blütezeit Barock – Dientzenhofer, Gallasini und Co.

Blütezeit Barock – Dientzenhofer, Gallasini und Co.

Im Barock erlebte Fulda eine Blütezeit. Davon zeugen prächtige Bau- und Kunstdenkmale berühmter Architekten wie Johann Dientzenhofer oder Maximilian von Welsch. Im barocken Formenspiel der Fassade und in der Pracht der Innenausstattung spiegelt sich der Ruhm der Fuldaer Fürstäbte. Sie vereinten in

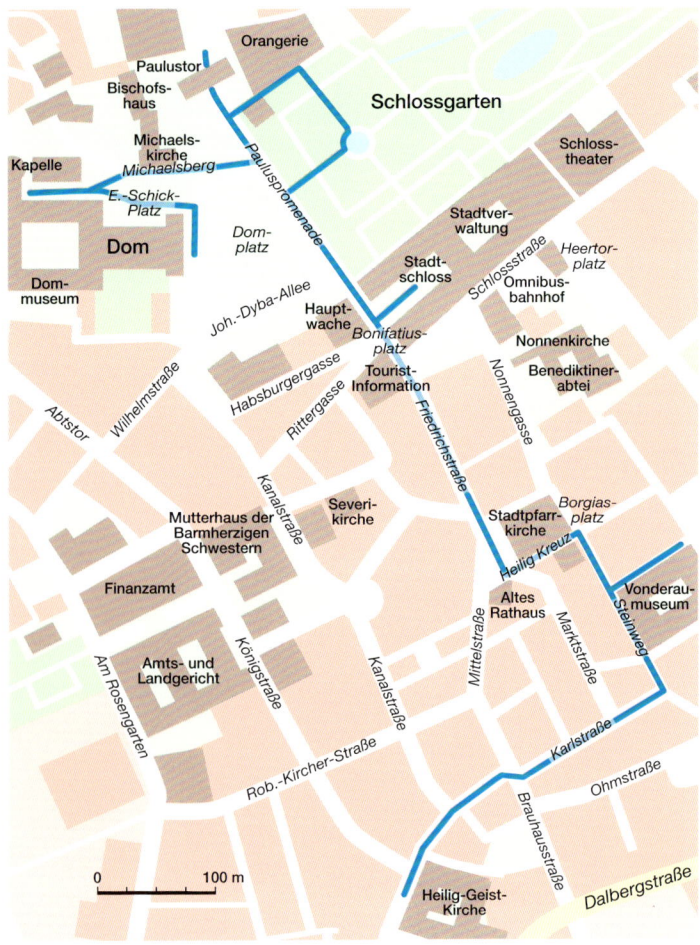

Personalunion weltliche und geistliche Macht. Vielem von dem, was Fuldas Charme als Barockstadt ausmacht, begegnen wir auf diesem Spaziergang, für den man sich etwas mehr Zeit nehmen sollte.

> **Dauer:** gut 3 Stunden (mit Besuch des Vonderau Museums entsprechend länger)
> **Länge:** knapp 3 Kilometer
> **Strecke:** einige Steigungen und Gefälle, wechselnder Bodenbelag, teilweise historisches Pflaster

Der Dom zu Fulda – bedeutendste Barockkirche Hessens

Ausgangspunkt unserer Zeitreise in den Barock ist die Mitte des Domplatzes. Der Dom, ein Werk Johann Dientzenhofers, ist das wohl bekannteste und beliebteste Wahrzeichen Fuldas und gilt als die bedeutendste Barockkirche Hessens. Diese wurde nach der Erhebung der Fürstabtei zum Fürstbistum Fulda 1752 Bischofs- und Kathedralkirche.

Ein Werk Johann Dientzenhofers: der Fuldaer Barockdom

Domkuppel

Salvator Mundi

Vorgängerbauten des heutigen Gotteshauses waren die Kloster- respektive die Stiftskirche. Die erste Klosterkirche wurde 751 durch Bonifatius geweiht und nach dessen Tod zu seiner Grablege. Das Kloster wuchs, und bald musste der Vorgängerbau der Ratgarbasilika weichen. Sie war bis ins 11. Jahrhundert größter Kirchenbau nördlich der Alpen und wie Alt-St. Peter in Rom gewestet. Das bedeutet, dass ähnlich wie das Grab des heiligen Petrus auch das Bonifatiusgrab im Westen lag.

Fürstabt Adalbert von Schleiffras beauftragte Johann Dientzenhofer mit dem Bau des barocken Domes. Zwischen 1704 und 1712 entstand die kreuzförmige dreischiffige Pfeilerbasilika mit kurzem Querhaus und Vierungskuppel, wobei einige Elemente des Vorgängerbaus übernommen wurden – darunter Teile der Türme. An die 65 Meter hohen, eng stehenden Glockentürme des Barockdomes sind seitlich zur Verbreiterung der Fassade Kapellen mit abgesetzten Kuppeldächern und Laternen angebaut. Die Hauptfassade ist reich gegliedert. Auf der Spitze des Dreiecksgiebels ist Christus als Salvator Mundi, als Erlöser der Welt, dargestellt. Ihm ist die Kirche geweiht. Das Schleiffras-Wappen erhebt sich über dem Hauptportal. Links und rechts des großen Rundbogenfensters darüber sind die beiden Stadtpatrone Simplizius und Faustinus dargestellt. Seitlich des Portals sind links der heilige Bonifatius und rechts der heilige Sturmius, Gründer des Klosters und Schüler des Bonifatius, als Zeugen des Glaubens in Stein verewigt.

Hochaltar

Blick in die Vierungskuppel mit Fresken

Die zwei Sandsteinobelisken rechts und links des Domes haben nicht nur schmückende Bedeutung, sondern sollten, wie auch die angebauten Kapellen, die Fassade ausladender wirken lassen.

Im weiß gefassten Innenraum des Domes artikuliert sich die Formensprache des frühen 18. Jahrhunderts. Hier darf der Betrachter staunen über die Schönheiten aus Malerei, Skulptur und Architektur, die sich zum sakralen Gesamtkunstwerk vereinen. Barocke Pracht entfaltet der herrliche Hochaltar nach einem Entwurf von Johann Dientzenhofer. Das holzgeschnitzte Oberteil ist ein Werk von Johannes Neudecker, der eine Himmelfahrt Mariens schmuckreich inszeniert, bei der Engel die Gottesmutter auf Wolken gen Himmel tragen. Darüber ist die Dreifaltigkeit dargestellt – eine Stuckarbeit von Giovanni Battista Artari. Von dessen Hand stammen auch die Engelplastiken in den Nischen der Vierungskuppel, die Fresken auf den Zwickeln darunter – ausgeführt von Luca Antonio Colomba – zeigen die vier Evangelisten.

Ins Auge fällt die prächtige Kanzel von Jürgen Motz und Andreas Balthasar Weber mit einer Holzplastik des auferstande-

Orgelprospekt

Innenansicht des Domes

nen Christus mit Siegesfahne. Ebenfalls ein Blickfang ist eine Bronzeplastik des heiligen Petrus. Der thronende Apostelfürst mit dem Schlüssel ist eine Nachbildung einer Statue im Petersdom. Zahlreiche Altäre und Grabdenkmäler laden darüber hinaus zum andächtigen Schauen und Beten ein – darunter natürlich das Grab des heiligen Bonifatius in der West-Krypta. Berühmt sind auch die von Wilhelm Sauer 1894 erbaute Orgel und der aus dem Barock stammende Prospekt von Andreas Bal-

> **Ort/Kontakt:** Dom zu Fulda, Domplatz 1, 36037 Fulda, www.bistum-fulda.de
> **Öffnungszeiten:** 1. April–31. Oktober Mo.–Fr. 10–18 Uhr, Sa. 10–15 Uhr, So. u. Feiertag 13–18 Uhr; 1. November–31. März Mo.–Fr. 10–17 Uhr, Sa. 10–15 Uhr, So. und Feiertag 13–18 Uhr. Besucher sollten berücksichtigen, dass die Besichtigung der Kathedralkirche nur außerhalb der Gottesdienste, Orgelmatineen und Domkonzerte möglich ist.

> **Orgelmatineen:** Im Mai, Juni, September, Oktober und in der Adventszeit jeweils samstags von 12.05 bis 12.35 Uhr. Bereits von 11.30 bis 12 Uhr ist dann der Dom geschlossen und ab 12 Uhr nur den Besuchern der Konzerte zugänglich. Im Rahmen des Internationalen Orgelsommers gibt es darüber hinaus im Juli und August zu ausgewählten Terminen Konzerte am Sonntagnachmittag.
> **Gruppenführungen:** buchbar unter Telefon 0661 1021814

thasar Weber.

Links des Domes liegt – verborgen hinter einer Mauer und einem kleinen Garten – das Barockgebäude der Domdechanei. Es diente einst als Wohnung des Domdechanten und beherbergt heute das Dommuseum. Wir verlassen nun den Domplatz und gehen rechts am Dom vorbei auf den Eduard-Schick-Platz.

Ehemaliges Konventsgebäude

Portal des ehemaligen Konventsgebäudes

Dort schließt sich an die Kathedralkirche das Konventsgebäude (Eduard-Schick-Platz 3-5) der ehemaligen Fuldaer Benediktinerabtei an. Noch vor dem Neubau der Stiftskirche wurde der Komplex erweitert und erhielt sein barockes Erscheinungsbild mit einem aufwändigen Portal und zwei Erkern. Seit der Säkularisation 1802/03 ist hier das Bischöfliche Priesterseminar untergebracht.

Ehemalige Hof- und Klosterbibliothek

Gegenüber liegt die ehemalige Hof- und Klosterbibliothek (Eduard-Schick-Platz 2). Fürstbischof Heinrich von Bibra ließ sie an der Stelle der alten Klosterschule errichten. In dem Spätbarockbau, heute Sitz der Theologischen Fakultät, führte der aufgeklärte Fürstbischof Teile der Klosterbibliothek mit der Hofbibliothek und dem Bücherbestand des ehemaligen Jesuitenkollegs zu einer großen Sammlung zusammen und öffnete sie für die breite Öffentlichkeit. Diese Sammlung gehört seit 1816 zur Hessischen Landesbibliothek. Vom Eduard-Schick-Platz geht es nun ein Stück die Hinterburg hinauf, am Ende der rechten Steinmauer auf den Michaelsberg und an der Pauluspromenade links bis zum Paulustor.

Paulustor

Das Paulustor geht ebenfalls auf Pläne von Johann Dientzenhofer zurück und wurde 1710/11 erbaut – ursprünglich aber an

Paulustor

Zugang zur Orangerieterrasse an der Pauluspromenade

anderer Stelle: zwischen Schloss und Hauptwache. 1771 versetzte man das von einer Paulusstatue gekrönte Tor an seinen jetzigen Standort, um den Dom in das Stadtbild einzubinden.

Da Bautätigkeit und Unterhaltungskosten zu allen Zeiten teuer waren und das Straßenpflaster Fuldas nicht aus den allgemeinen Steuereinnahmen finanziert werden konnte, wurde ab 1782 an den Toren wie dem Paulustor von den Besuchern der Stadt ein städtisches Pflastergeld erhoben. Quasi als Quittung, dass die Maut entrichtet wurde, erhielt der Besucher einen Pflastergeld-Zettel. Diesen musste er beim Verlassen der Stadt an jenem oder einem anderen Tor wieder abgeben. Und wehe, einer hatte nicht gezahlt, so musste er als Strafe das Zwanzigfache des eigentlichen Pflastergeldes entrichten.

Wir überqueren die Pauluspromenade an der Fußgängerampel hinter dem Paulustor, passieren es erneut und gehen links durch das Tor in der Mauer auf die Orangerieterrasse des Schlossgartens.

Schlossgarten, Orangerie und Floravase

Der Fuldaer Schlossgarten setzt sich aus Schloss- und Orangerieterrasse, dem sich dazwischen befindenden Parterre mit dem großen Fontainebrunnen und dem ehemaligen Boskettgarten zusammen. Einst befand sich hier ein Tiergarten, den

Orangerie

Fürstabt Konstantin von Buttlar 1715 einebnen ließ. Der Regent wollte stattdessen einen Garten passend zu seiner Barockresidenz. Er beauftragte für die Neukonzeption des Gartens Maximilian von Welsch, der auch für das Erscheinungsbild der Orangerie verantwortlich zeichnete. Sie wurde ab 1721 erbaut.

Hier feierten die Fuldaer Fürstäbte ihre Sommerfeste. Und in der kalten Jahreszeit wurden die exotischen Pflanzen wie Zitronen- und Orangenbäumchen untergestellt, um sie vor strengem Frost zu schützen. Schon von weit her fällt der Dachschmuck ins Auge: die vergoldete Ananas als Symbol für Exotik und süße Freuden.

Die Orangerie (Pauluspromenade 2) mit ihren barocken Sälen ist ein beliebter Veranstaltungsort. Der Apollosaal in der Mitte des Baus dient dem angeschlossenen Hotel Maritim als Frühstücksraum und Café. Ein herrliches Ambiente – allein schon ob des Spiegelgewölbes mit Emanuel Wohlhaubters Deckenfresko, in dessen Mitte der Sonnengott auf seinem Wagen Glanz verströmt. Auf der Orangerieterrasse kann

Ein Wahrzeichen Fuldas: die Floravase

Am Tor des Schlossgartens

man im Sommer bei Kaffee und Kuchen einen wunderbaren Blick auf den Schlossgarten und das Fuldaer Stadtschloss genießen.

Von der Orangerieterrasse führt eine Treppe hinunter ins Parterre des Schlossgartens. Hier empfängt den Besucher eine imposante Schönheit: die Floravase. 1728 wurde die 6,8 Meter große Skulptur aus einem Stein gehauen. Flora, Göttin der Gartenbaukunst, hält in der Hand eine Lilie. Diese erinnert auch an den Auftraggeber. Denn Fürstabt Adolph von Dalberg, der die Floravase errichten ließ, hatte eine Lilie im Wappen. Vom großen Fontainebrunnen führt rechts der Weg durch das schmiedeeiserne Portal des Schlossgartens, dann geht es nach links auf die Pauluspromenade und bis vor das Schloss.

Stadtschloss und Historische Räume

Bereits vor dem Eingang zum Ehrenhof der barocken Residenz wird dem Besucher einmal mehr deutlich, dass Pracht und Herrschaft im 18. Jahrhundert zwei untrennbare Schwestern waren. Die Äbte des Klosters wirkten bereits seit 1220 aktiv in der Reichspolitik mit und entwickelten sich im Laufe der Jahrhunderte zu bedeutenden Landesfürsten mit eigenem Territorium, das es zu schützen und zu mehren galt. Ihren Herrschaftsanspruch wollten sie nicht zuletzt mittels Architektur weithin sichtbar zum Ausdruck bringen und frönten im Barock einer Baufreude, der Fulda viele seiner Schönheiten verdankt.

An der Stelle des heutigen Schlosses stand einst die mittelalterliche Abtsburg, die sich Heinrich von Weilnau um 1300 in

Stadtschloss

unmittelbarer Nähe zum Kloster erbauen ließ. Im 17. Jahrhundert wurde diese erweitert zu einer vierflügligen Renaissanceanlage. Baumeister Johann Dientzenhofer schließlich gestaltete im Auftrag von Fürstabt Adalbert von Schleiffras das Schloss ab 1706 zur barocken Vierflügelanlage mit zwei Seitenflügeln und Ehrenhof um.

Am Eingang zum Ehrenhof begegnen uns Figuren aus der Mythologie. An der Hauptfassade über der Durchfahrt zum Innenhof, in dem der schmucke Dianabrunnen plätschert, ist das Wappen von Adalbert von Schleiffras zu sehen. Es wird von zwei Engeln gehalten. Darüber ist Abundantia dargestellt, die römische Göttin des Wohlstands und der Fülle.

Seit 1900 ist die Fuldaer Stadtverwaltung im Schloss untergebracht, das in den vergangenen Jahren nach und nach aufwändig saniert wurde. Teile der barocken Residenz verströmen als öffentlich zugängliche Säle und als Museum bis heute den Glanz alter Zeiten.

Der Eingang für Besucher des Schlosses befindet sich in der Durchfahrt zum Binnenhof. Von dort gelangt man zu den Historischen Räumen wie dem Fürstensaal, der auch als Festsaal und für Kulturveranstaltungen wie Lesungen und Konzerte genutzt wird, seinen Nebenräumen und einer Wohnung der Fürstäbte, deren Ausstattung um 1730 datiert.

Darüber hinaus wartet eine exquisite Sammlung mit Porzellan aus der Fuldaer Manufaktur mit qualitätvol-

Dianabrunnen

len Stücken, und die Prunkräume aus dem 19. Jahrhundert sind ebenfalls sehenswert. Auch ein Besuch des Schlossturms ist ein Erlebnis. Von dort hat man einen wunderbaren Blick auf die Sehenswürdigkeiten der Stadt.

Zum Schloss gehört das Schlosstheater. Als Tourneetheater sorgt es für ein abwechslungsreiches Programm in den Bereichen Oper, Operette, Musical, Konzert, Ballett und Schauspiel.

Spiegelkabinett

Fürstensaal

Ort/Kontakt: Historische Räume, Stadtschloss Fulda, Schlossstraße 1, 36037 Fulda, Telefon 0661 1021814, www.tourismus-fulda.de

Öffnungszeiten: Täglich (außer Mo.) 10-17 Uhr. Das Museum ist an allen Feiertagen geöffnet, auch wenn diese auf einen Montag fallen. Die Historischen Räume des Stadtschlosses bleiben am 24. Dezember (Heilig Abend) geschlossen und sind am 31. Dezember (Silvester) von 10–14 Uhr geöffnet (außer Mo.).

Führungen: 1. April–31. Oktober täglich (außer Mo.) 10.30 Uhr u. 14 Uhr; 1. November–31. März täglich (außer Mo.) Di.–Fr. 14 Uhr, Sa., So. u. Feiertag 10.30 und 14 Uhr. Fallen Feiertage auf einen Montag, finden die Führungen jeweils um 10.30 Uhr und um 14 Uhr statt.

Eintritt: mit Führung Erwachsene 5 Euro, Schüler, Studenten und Schwerbehinderte 3 Euro; ohne Führung Erwachsene 3,50 Euro, Schüler, Studenten und Schwerbehinderte 2,30 Euro.

Tipp: Für Gruppen bietet das Tourismus- und Kongressmanagement Fulda nach Voranmeldung unterhaltsame Sonderführungen an – etwa mit dem Schokoladenmädchen, das im historischen Kostüm über die Tisch- und Trinksitten am Fuldaer Hofe zur Zeit des Absolutismus berichtet und die Besucher durch die Historischen Räume führt. Informationen unter Telefon 0661 1021814.

Hauptwache

Wächterfigur

Über den 2014 neu gestalteten Ehrenhof des Schlosses geht es wieder zurück. Auf der anderen Straßenseite steht die Hauptwache (Bonifatiusplatz 2), die heute gastronomisch genutzt wird. Sie wurde im Auftrag von Fürstbischof Adalbert von Walderdorff nach dem Vorbild der berühmten Frankfurter Hauptwache erbaut. Rechts der Hauptwache ist ein Pfeiler mit Wächterfigur und Löwe zu sehen, der am gegenüberliegenden Ehrenhofflügel ein entsprechendes Pendant hat. Hier stand bis 1771 das Paulustor.

Barocke Adelspalais

Am Bonifatiusplatz gegenüber der Hauptwache steht das Palais Buttlar (Bonifatiusplatz 1-3), in dem unter anderem das Stadtarchiv und die Tourist-Information untergebracht sind. Das stattliche Barockgebäude, 1737 nach Plänen von Hofarchitekt Andreas Gallasini anstelle des alten Kaufhauses als fürstliches Bannhaus errichtet, beherbergte in dem 1750 angebauten Flügel parallel zur Pfandhausstraße die fürstliche Münze. Seit 1774 diente es als Wohnhaus höfischer Beamter. Oberstallmeister Heinrich von Buttlar, nach dem das Palais benannt ist, wohnte hier. Architektonisch auffallend sind die steilen Mansardendächer. Sie werden durch vergoldete Kupferknäufe akzentuiert. Diese kann man auf vielen barocken Bauten Fuldas entdecken.

Zur gleichen Zeit errichtet wie das Palais Buttlar – ebenfalls von Andreas Gallasini – wurde das gegenüberliegende Palais Von der Tann (Schlossstraße 2), besser bekannt als „Kur-

Palais Buttlar am Bonifatiusplatz

„Kurfürst" und oberhalb das Palais Altenstein

Delphinbrunnen

fürst". Gemeinsam bilden sie den Abschluss des herrschaftlichen Barockviertels und für den Betrachter aus heutiger Sicht den schmucken Eingang zur Friedrichstraße. Diente das Barockgebäude anfangs als Wohnung für adelige Hofbeamte, wurde es 1815 Gasthof und führte seit 1824 den Namen „Zum Kurfürsten". In den Jahren zwischen 1816 und 1867 war hier zudem die Thurn-und-Taxis'sche Posthalterei zu finden. Der Delphinbrunnen von 1789/90 schmückt die barocke Balustrade.

Blickt man die Schlossstraße hinauf, fällt ein weiteres repräsentatives Barockgebäude auf: das Palais Altenstein (Schlossstraße 4), benannt nach seinem Bauherrn Hofmarschall Christian Adam Ludwig Freiherr von Stein zu Altenstein. Zeitweise Wohnhaus des städtischen Kanzlers, wurde es um 1800 zum Wirtshaus und beherbergt heute Ämter der Stadtverwaltung.

Stadtpfarrkirche St. Blasius und Brunnenobelisk

Durch die Friedrichstraße kommen wir zum Platz Unterm Heilig Kreuz. In der Mitte steht ein Brunnenobelisk, der aus dem Jahre 1669 stammt und zur „Ehre Gottes und des Heiligen Blasius" ursprünglich an anderer Stelle errichtet und unter Fürstbischof Heinrich von Bibra 1775 an seinen heutigen Standort versetzt wurde.

Dem heiligen Blasius ist auch die Stadtpfarrkirche geweiht, mit deren Bau unter der Regentschaft von Heinrich von Bibra 1770 begonnen wurde. Sie ist der späteste Barockbau Fuldas. Drei Vorgängerkirchen standen hier, von denen nur ein Turm übernommen wurde. Beim Blick auf das Hauptportal sieht man unter der Steinfigur des heiligen Blasius das Wappen des Fürstbischofs von Bibra.

Stadtpfarrkirche St. Blasius und Brunnenobelisk

Ort/Kontakt: Stadtpfarrkirche St. Blasius, Unterm Heilig Kreuz, 36037 Fulda, www.stadtpfarrei-fulda.de

> **Öffnungszeiten:** Mo.–Sa. 10–17 Uhr, So. u. Feiertag 12–17 Uhr
> **Tipp:** Außer in den Sommerferien wird in der Stadtpfarrkirche samstags um 11.55 Uhr eine Meditation in Wort und Musik angeboten.

Ehemaliges Kanzlerpalais

Das daneben gelegene ehemalige Kanzlerpalais ist ebenfalls ein repräsentatives Barockgebäude (Unterm Heilig Kreuz 1). Zwischen 1782 und 1900 diente es als Rathaus der Stadt Fulda. Heute wird in den Räumen gebüffelt, denn die Volkshochschule hat hier ihren Sitz. Von der Steintreppe aus hat man einen wunderbaren Blick auf die Friedrichstraße.

Ehemaliges Päpstliches Seminar (Vonderau Museum)

Rechts an der Stadtpfarrkirche geht es bis zum Alten Rathaus und dann rechts in den Steinweg. Dort weisen ins Pflaster eingelassene metallene Quadrate den Weg zu unserer nächsten Station, die nach wenigen Metern vor uns liegt: das Vonderau Museum Fulda in den Mauern des ehemaligen Päpstlichen

Publikumslieblinge des Museums: „Fulda-Mobil" …

... und „Drogerie zum Krokodil"

Seminars. In der barocken Vierflügelanlage waren einst die Jesuitenschule und eine Art „Studentenwohnheim" für die Zöglinge untergebracht. Später diente das Gebäude als Kaserne, dann wieder als Schule. Seit 1994 bietet es Raum für die drei sehenswerten, lehrreichen Abteilungen des Vonderau Museums Fulda, des wohl größten Museums zwischen Kassel und Frankfurt. Auf 4.000 Quadratmetern bringt die Kulturinstitution dem Besucher die Region Osthessen in den Bereichen Kulturgeschichte, Naturkunde sowie Malerei und Skulptur nahe und macht anhand ausgesuchter Exponate 7.000 Jahre Geschichte für Jung und Alt erlebbar.

Für eine ausgiebige Besichtigung sollte man sich genügend Zeit nehmen. Zu den Publikumslieblingen zählen die „Drogerie zum Krokodil" und das „Fulda-Mobil", ein schnuckeliger Kleinwagen aus den Wirtschaftswunderjahren des vergangenen Jahrhunderts. Außerdem zeigt das Vonderau Museum wechselnde Sonderausstellungen, die mal an heimische Künstler erinnern, mal aktuelle zeitgenössische Malerei und Fotografie aus der Region vorstellen oder bestimmte Aspekte aus der Stadtgeschichte in den Mittelpunkt rücken.

Ort/Kontakt: Vonderau Museum Fulda, Jesuitenplatz 2, 36037 Fulda, Telefon 0661 928350, museum@fulda.de, www.museum-fulda.de
Öffnungszeiten: Di.–So. u. an Feiertagen 10-17 Uhr. Geschlossen am 24. Dezember, geöffnet am 31. Dezember von 10–14 Uhr, wenn dieser Tag nicht auf einen Montag fällt.
Eintritt: Erwachsene 3,50 Euro, ermäßigt 2,30 Euro, freier Eintritt für Kinder unter 6 Jahren, Ermäßigungen für Gruppen

Ebenfalls in dem Gebäudekomplex zu finden sind das sehr beliebte Planetarium, der Kulturkeller als Veranstaltungsort für Konzerte und Kleinkunstabende sowie das „Museumscafé", in dem man sich im ehemaligen Refektorium stärken kann. Im Sommer ist auch der Innenhof bewirtschaftet. Dort geht es von Ende August bis Anfang September beim Fuldaer Weinfest feuchtfröhlich zu.

Alte Universität

Neben dem Vonderau Museum liegt die von 1731 bis 1734 nach Plänen von Hofarchitekt Andreas Gallasini erbaute ehemalige Adolphs-Universität (Universitätsstraße 1), auch Alte Universität genannt. Sie wurde 1734 von Fürstabt Adolph von Dalberg gegründet und vereinte eine theologische, philosophische, juristische und medizinische Fakultät. 1805 wurde die Universität aufgelöst. Bis 1968 beherbergte das Gebäude ein Gymnasium, heute ist darin eine Grundschule, die Adolph-

Ehemaliges Päpstliches Seminar (rechts) und Alte Universität

von-Dalberg-Schule, untergebracht. Die Aula kann für Festveranstaltungen und Events gebucht werden.

Heilig-Geist-Hospital

Von Andreas Gallasini stammt auch die letzte Station dieses Spaziergangs: das Heilig-Geist-Hospital. Es liegt rund fünf Gehminuten entfernt. Am Jesuitenplatz biegen wir links in den Steinweg, queren den Buttermarkt und folgen der Karlstraße bis zum Simpliziusbrunnen. Das barocke Heilig-Geist-Hospital wurde von 1727 bis 1730 im Auftrag von Fürstabt Adolph von Dalberg errichtet. Herzstück ist die Heilig-Geist-Kirche, deren Innenraum 2008/09 umfangreich saniert wurde.

> **Ort/Kontakt:** Heilig-Geist-Kirche, Simpliziusbrunnen, 36037 Fulda, www.heilig-geist-fulda.de
> **Öffnungszeiten:** Di. u. Do. 12-16.30 Uhr

Heilig-Geist-Hospital

Nach diesem ausgiebigen Spaziergang geht es in der Königstraße an der Haltestelle Robert-Kircher-Straße mit dem Bus zurück. Auf der Fahrt zum Busbahnhof Stadtschloss kommt man an Dom, Schloss und Bonifatiusplatz vorbei und betrachtet die barocken Schönheiten noch mal bequem vom Fenster aus.

🚌 Rückfahrt: Königstraße, Haltestelle Robert-Kircher-Straße, Buslinien 3, 4, 5 oder 6, bis Busbahnhof Stadtschloss

Fürstliche Freuden – Ausflug nach Schloss Fasanerie

Fürstliche Freuden – Ausflug nach Schloss Fasanerie

Zu den beliebtesten Ausflugszielen in der Fuldaer Region zählt zweifelsohne Schloss Fasanerie in Eichenzell. Die ehemalige Sommerresidenz der Fuldaer Fürstbischöfe ist das schönste Barockschloss Hessens. Gerade am Wochenende sieht man auf dem großen Parkplatz viele Autokennzeichen aus dem Rhein-Main-Gebiet, Nordhessen, Thüringen und Franken. Wer aus der näheren Umgebung kommt, der kann freilich das eigene Auto ruhig einmal in der Garage lassen und sich Schloss und Park, die zur Hessischen Hausstiftung gehören, zu Fuß nähern – und dabei vieles entdecken. Das zeigt dieser Spaziergang, der fürstliche Freuden verspricht.

Dauer: zirka 3 Stunden (inklusive Museumsbesuch)
Länge: rund 6 Kilometer
Strecke: weitgehend eben, viel Natur

🚌 Hinfahrt: Busbahnhof Stadtschloss, Buslinie 6 (Richtung Kohlhaus/Bronnzell), bis Haltestelle Ziegeler Straße

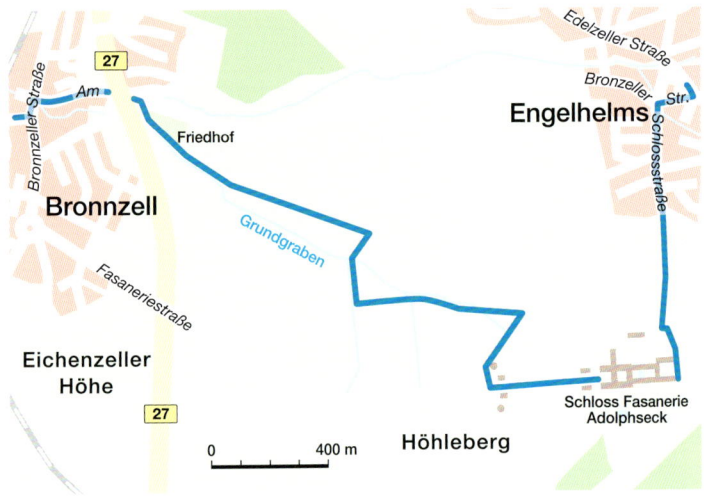

Schloss Fasanerie – von den Feldern aus betrachtet

Mit dem Bus geht es zunächst in den Fuldaer Stadtteil Bronnzell. Eine Möglichkeit ist, bis zur Fasaneriestraße zu fahren und am Rande der Allee Richtung Fasanerie zu gehen. Aber zum einen muss man dabei sehr auf den Verkehr achten, zum anderen ist der Blick auf das Schloss von dort aus weniger reizvoll, als wenn man folgende Tour wählt: Wir steigen bereits an der Station Ziegeler Straße aus, wechseln auf die gegenüberliegende Seite und biegen in die Straße Am Engelbach ein. Dieser folgen wir bis zum Friedhof. Von dort streifen wir durch die Felder, sehen links in der Ferne den Florenberg liegen und nähern uns Schritt für Schritt der Fasanerie, die nach einer halben Stunde erreicht ist.

Ein Name im Wandel

Als „wilde Phasanerie" mit Meierhof und Tiergarten war sie um 1710 von Fürstabt Adalbert von Schleiffras im Wald zwischen Pilgerzell und Eichenzell angelegt worden. Fürstabt Adolph von Dalberg ließ um 1730 das Alte Schloss (Adolphshof) erbauen.

Zwischen 1740 und 1756 betraute Fürstbischof Amand von Buseck den Baumeister Andreas Gallasini mit der Errichtung des neuen Schlosses, das kurze Zeit darauf nicht mehr als Adolphshof, sondern als Schloss Fasanerie firmierte. Mit der Säkularisation fiel das Anwesen 1802 an Prinz Wilhelm Friedrich von Oranien-Nassau, drei Jahre später an Marschall Duroc und 1816 an Kurhessen. Kurfürst Wilhelm II. veranlasste die klassizistische Umgestaltung – vor allem der Innenräume – und die Neugestaltung der Grünanlage, die vom Barockgarten zum Landschaftspark nach englischem Vorbild wurde. Da das hessische Kurfürstentum bereits im Besitz einer Fasanerie in Hanau war, folgte, wohl um Verwechslungen vorzubeugen, eine erneute Namensänderung: Der Ursprungsbegriff Adolphshof und die Erinnerung an Amand von Buseck wurden kombiniert zu „Adolphseck". Dieser Name blieb auch, als das Schloss 1867 an Preußen fiel und 1873 in den Besitz des Landgrafen von Hessen überging. Erst seit 1950 heißt es wieder Schloss Fasanerie. Nach schweren Kriegsschäden richtete die Hessische Hausstiftung Sommerresidenz und Park wieder her und öffnete ihre Sammlungen der Öffentlichkeit.

Diana

Pracht barocker Baukunst

Schloss und Park sind umgeben von einer steinernen Mauer, die ab 1739 errichtet wurde. Um diese herum kann man ebenfalls herrlich etwa vier Kilometer lang entspannt spazieren, kommt vorbei an Feldern, Wald und einem kleinen Weiher. Wir aber gehen durch das von zwei kleinen Torhäuschen und zwei markanten Türmen flan-

Speerspitzengitter mit Kriegerdoppelbüsten

kierte Haupttor den asphaltierten Weg entlang, der direkt auf das Schloss zuführt.

Schon auf diesen wenigen hundert Metern fällt der Blick auf viele alte Bäume. Auf halbem Weg grüßt rechts eine Statue aus lackiertem Zinkguss: Diana, Göttin der Jagd, ausgestattet mit einem Köcher voller Pfeile, in Begleitung des von ihr in einen Hirsch verwandelten Aktaion.

Hinter dem Tor mit Speerspitzengittern, Pfeilern und Kriegerdoppelbüsten und den beiden flankierenden Wachhäusern erstreckt sich der Paradehof. Diesen überqueren wir, erblicken die Balustradenmauer und das nächste Tor, das uns in den Ehrenhof des Schlosses führt. Die hufeisenförmige Anlage von Andreas Gallasini entfaltet die ganze Pracht barocker Baukunst. Die Fassade erstrahlt hier mittlerweile wieder in ihrem ursprünglichen gebrochenen Weißton. Die Neugestaltung ist Teil umfangreicher, kostenintensiver Sanierungsmaßnahmen, im Zuge derer die komplette Anlage bis 2016 peu à peu nach den neuesten Erkenntnissen innen wie außen instand gesetzt wird. Übrigens findet sich auf Schloss Fasanerie ähnlich wie bei

Hauptpavillon des Schlosses mit Ehrenhof

Ort/Kontakt: Museum Schloss Fasanerie, 36124 Eichenzell, Telefon 0661 94860, museum@schloss-fasanerie.de, www.schloss-fasanerie.de
Öffnungszeiten: April–Oktober Di.–So. u. Feiertage 10–17 Uhr
Führungen: Durch das Schloss zu jeder vollen Stunde (letzter Einlass um 16 Uhr), durch die Porzellansammlung jeweils um 15 Uhr, Kinderführungen jeweils dienstags um 14.45 Uhr sowie samstags und sonntags um 13.45 Uhr. Erwachsene können diese Führung nicht begleiten. Alle Führungen auch zu anderen Zeiten nach Vereinbarung. Der Eintritt in das Museum ist nur mit Führung möglich.
Eintritt: Kombikarte Museum und Porzellansammlung für Erwachsene 10 Euro (ermäßigt 5 Euro). Kinder bis zu 6 Jahren sind in Begleitung ihrer Eltern frei. Die Kinderführung kostet pro Person 4 Euro.

der Fuldaer Orangerie als Dachschmuck die goldene Ananas als Symbol für Exotik und Lustbarkeiten aller Art.

In der Torhalle des Hauptpavillons befindet sich links der Eingang zum Museum.

Wertvolle Sammlungen

Das Museum mit eindrucksvollem Treppenhaus, imposanten Sälen im Haupttrakt, rund 60 Schauräumen und qualitätvollen Sammlungen ist immer einen Besuch wert. Klug konzipierte Führungen bieten Wissenswertes und Unterhaltsames für alle Altersgruppen. Immer wieder kann man beim Gang durch die Räume Entdeckungen machen: Alte Gemälde, Mobiliar und Ausstattungskunst des 18. und 19. Jahrhunderts, filigrane Glasarbeiten, historische Uhren und exquisites Silber schenken dem Betrachter Eindrücke höfischer Freuden von einst. So ist der Nordflügel dem barocken Kunstgewerbe gewidmet. Der Südflügel zeigt Möbel des Empire und des

„Rumpenheimer Zimmer" mit Porträts von Landgraf Friedrich Wilhelm von Hessen und seiner ersten Frau Alexandra Nikolajewna

Gartensaal mit Teilen der Antikensammlung

Historismus, wobei viele Stücke ursprünglich aus Schloss Wilhelmshöhe und dem Palais Bellevue der Kurfürsten in Kassel stammen. Raum für Raum tritt der Besucher ein in die Geschichte höfischer Wohnkultur.

Sehr sehenswert ist die kostbare Porzellansammlung, die in gesonderten Schauräumen präsentiert wird. Sie umfasst ausgesuchte Stücke der frühen europäischen Manufakturen wie Meißen, Sèvres, Kopenhagen und Fürstenberg. Staunen macht

Tafel mit dem Mitgift-Service der Prinzessin Anna von Preußen (der späteren Landgräfin Anna von Hessen) aus der Königlichen Porzellanmanufaktur Berlin (1853)

allein schon das Service der Königlichen Porzellanmanufaktur Berlin, das für die Staatsbankette des Kurfürsten auf die Tafel kam: Es zählt stolze 1.800 Einzelteile. Außerdem sind zahlreiche seltene chinesische und japanische Porzellane hinter Glas ausgestellt.

Zu den Glanzpunkten gehört zudem die außergewöhnliche Antikensammlung des Hauses Hessen, die als größte Privatsammlung dieser Art auf deutschem Boden gilt. Großplastiken, griechische und römische Vasen, Porträtbüsten und Terrakotten machen fast tausend Jahre griechisch-römischer Kunst exemplarisch anschaulich.

Großes Erlebnis für kleine Gäste

Um den jungen Besuchern gerecht zu werden und sie für Geschichte und Geschichten zu begeistern, haben sich die Verantwortlichen des Museums besondere Führungen ausgedacht, die Kinderherzen höher schlagen lassen. Die kindgerecht konzipierten Erlebnisrundgänge durch das Schloss wechseln meist im Zwei-Jahres-Rhythmus.

Bei der Gespensterführung beispielsweise begleitet ein Geist die Kleinen durch das Schloss, in dem er schon seit 250 Jahren Nacht für Nacht durch die Gänge spukt. Das Gespenst erzählt den Jungen und Mädchen, wie die Menschen in diesem alten Gemäuer früher gelebt haben und welch rauschende Feste hier gefeiert wurden. Zur Märchenführung mit einem Prinzen und einer Prinzessin in historischen Kostümen stellen zwei „echte" Königskinder nicht nur ihr Barockschloss vor, sondern entführen die kleinen Gäste auch in die wunderbare Welt der Märchen der Brüder Grimm (Hinweise auf die jeweils aktuelle Kinderführung unter www.schloss-fasanerie.de).

Innenhof und Altes Schloss

Beim Verlassen des Museums geht es durch die Torhalle links in den idyllischen Innenhof. In der Mitte blicken wir uns noch einmal um, um den wieder weiß gefassten Haupttrakt des

Altes Schloss (Adolphshof)

Pferdeschwemme

neuen Schlosses zu bestaunen. Dann lassen wir es hinter uns und schauen auf den alten Bau (Adolphshof). Die niedrige Terrasse schmückt eine Balustrade, verziert mit Vasen und anmutigen Figuren.

An das Alte Schloss schließt sich der Marstallhof mit einer ummauerten Pferdeschwemme und einer kleinen Pferdetränke an. Dahinter folgen der historische Wirtschaftshof, der heute vom Reitclub Fulda genutzt wird, und die ehemaligen Gehilfenhäuser aus dem 18. Jahrhundert.

Der Park – ein Kulturdenkmal

Rechts geht es hinein in den Park, der im 18. Jahrhundert ursprünglich ein barocker Garten mit angrenzender wilder Fasanerie war. In ihm regierte die Geometrie. Sie führte die Zähmung der Natur eindrucksvoll vor. Fürstbischof Amand von Buseck, Bauherr des Schlosses, war selbst ein passionierter Gartengestalter. Mit großem Sachverstand und Leidenschaft entwarf er Pläne für das barocke Grün. Sein Terrassengarten, von dem es im Museum ein Modell gibt, war gekennzeichnet durch gerade Kieswege, kunstvoll streng geschnittene Hecken und Fayence-Kübel, in denen Zitrusfrüchte heranreiften.

Mit der Säkularisation wandelte sich das Gesicht der Anlage. Kurfürst Wilhelm II. von Hessen-Kassel ließ den Garten als Schmuckstück seiner Sommerresidenz neu gestalten. Mit geschickter Hand verwandelte Gartenarchitekt Wilhelm Hentze im 19. Jahrhundert die Anlage in einen klassischen Landschaftspark nach englischem Vorbild.

Blickachsen eröffnen darin immer neue malerische Ansichten. Infotafeln kommentieren die zahlreichen Stationen im Park, von denen hier nur einige genannt werden. Sie laden ein, dieses lebendige Kulturdenkmal zu erkunden, das zu jeder Jahreszeit attraktiv ist.

Japanisches Haus

Links führt der Weg zum Japanischen Haus, dessen Aussehen allerdings nur in Ansätzen an den Fernen Osten erinnert. Ursprünglich war es von einem Wassergra-

Genießen im Grünen

Japanisches Haus

ben umgeben und nur über Brücken zugänglich. Im Barockgarten spielte es eine wesentliche Rolle, weil hier eine Wasserachse begann, die sich bis zur Spitze des einstigen Lustgartens erstreckte.

Nicht umsonst zeigt das von Emanuel Wohlhaubter stammende Deckengemälde im Inneren Meeresgott Neptun. Hentze ließ später die Gräben und Brücken zuschütten und legte Wege an. Das Gebäude selbst aber behielt er bei – als willkommene Staffage.

Chinesischer Pavillon

Ähnlich verhält es sich mit dem Chinesischen Pavillon, den man auf dem Weg parallel zum Wildpark nach wenigen hundert Metern erreicht. Auch dieser hat wenig mit asiatischer Architektursprache zu tun. Vermutlich wurde das schmale Sommerhaus als Musikpavillon genutzt, wofür die Darstellungen von Instrumenten in der Decke sprechen. Anfang des 19. Jahrhunderts diente er als Teehaus. Um im Sommer einen Platz zum Lesen auf den bequemen Bänken

Chinesischer Pavillon

vor dem Chinesischen Pavillon zu ergattern, braucht es Glück.

Eiskeller und kleine Teiche

Rechts, einen Steinwurf weit entfernt, sieht man eine kleine Allee. Hier ließ Adalbert von Harstall, Fuldas letzter Fürstbischof, 1790 einen Eiskeller anlegen. Dieser versorgte die Küche mit Eis, das aus den kleinen Teichen gebrochen wurde. Außerdem bezog das Schloss seine Fische aus dem trüben Nass. Von hier führt die Allee hinunter zum Großen Teich.

Kleiner Teich mit dem „Entenfang" im Hintergrund

Terrassen am Großen Teich

Die Terrassen am Großen Teich gehören zu den lauschigsten Plätzen des Parks. Im Schatten von hohen Kastanien finden Verliebte einen romantischen „locus amoenus". Früher ging es hier wild zu. Am Teich mit seinen beiden Inseln, auf dem Wasservögel Zuflucht suchten, machte man Jagd auf Federvieh. Deshalb lautet der überlieferte Name des Teichs auch „Entenfang". Aber auch harmonische Ruderpartien zu den Inseln hat es wohl gegeben. Zudem soll auf dem kleinen See manch inszeniertes Spektakulum seinen Lauf genommen haben, das von den Terrassen aus trefflich zu verfolgen war.

Kastanienplantage

Kurz bevor das Schloss wieder erreicht ist, fällt eine Formation von Rosskastanien ins Auge. Ursprünglich stand an dieser Stelle eine sechseckige Plantage von riesigem Ausmaß. Sie sollte zum Promenieren im Schatten dienen, ein Ordnungsprinzip vorführen: Die Stämme der Bäume stellten quasi eine Säulenhalle dar. Durch die geometrische Anordnung ergaben sich immer neue Durchblicke, boten sich neue Ansichten. Die Neuanpflanzung ist eine Rekonstruktion dieser ehemaligen Kastanienplantage. Gleich nebenan am Postenhaus befindet sich ein Biergarten, der in den warmen Monaten geöffnet ist. Auf dem Weg zur Sommerterrasse kommt man außerdem am Badehaus vorbei, das Veranstaltungsort für die Sonderausstellungen von Schloss Fasanerie ist.

Schlossterrasse

Über eine Freitreppe erreicht man die von einer Balustrade mit Figuren und Vasen begrenzte Schlossterrasse vor dem Südflügel. Einst war sie Ausgangspunkt für einen Spaziergang durch den Lustgarten und Aussichtspunkt auf die nach Süden hin abfallenden Terrassen. Herrlich ist der Blick auf die angelegten Blumen- und Rabattenbeete, auf den Teich, an dem an

Blick zur Schlossterrasse

warmen Frühsommerabenden famose Froschkonzerte erklingen, auf den alten Baumbestand und den Chinesischen Pavillon und im Hintergrund die Kronen der Bäume im Wildpark.

Die Schlossterrasse gehört heute zum Café und Restaurant „Die Fasanerie". Sie verwöhnt Park- und Museumsbesucher mit Kaffee, Kuchen und Torten. Außerdem kann man im Inneren im stilvollen Ambiente lukullische Köstlichkeiten genießen. Eine attraktive Karte, saisonale Speisen und Überraschungsmenüs sowie erlesene Weine

Teichansicht

schenken Gaumenfreuden. Auch für Feierlichkeiten ist „Die Fasanerie" mit dem Gewölbe des Schlossrestaurants und der Galerie eine gute Adresse.

Mönchsweiher

Wenige Meter hinter dem Turm liegt links der Mönchsweiher. Woher der poetisch anmutende Name stammt, ist nicht überliefert. Fakt ist: Der kleine Teich war ursprünglich das Wasserreservoir für die Orangeriepflanzen und für den Fall, dass im Schloss Feuer ausbrach. Heute gehört er zu den angenehmen Rückzugszonen des Parks. Besonders wenn die Rhododendren blühen, ist eine Pause auf der Bank ein Muss für echte Müßiggänger.

Mönchsweiher

Fürstliches Gartenfest auf Schloss Fasanerie

Tipp: Die Hessische Hausstiftung bietet in Schloss Fasanerie eine Fülle von Freizeitangeboten wie Konzerte, Theateraufführungen, Märkte und Feste. Zu den Highlights zählt „Das Fürstliche Gartenfest", das immer Ende Mai stattfindet und bei dem man Gartenkultur und Lebensart in fürstlichem Ambiente auf sich wirken lassen kann. Informationen unter www.schloss-fasanerie.de und www.gartenfest.de

Um den Heimweg anzutreten, geht es an den beiden Wohngebäuden des Wirtschaftshofes vorbei durch den hinteren Ausgang und nach wenigen Metern rechts in Richtung Engelhelms. Über die Schlossstraße kommen wir rechts auf die Bronnzeller Straße, überqueren diese am Zebrastreifen und folgen ihr bis zur Edelzeller Straße.

Rückfahrt: Engelhelms, Haltestelle Ortsmitte, Buslinie 7, bis Busbahnhof Stadtschloss

Der „Fürst zu Fulda" – Eine königliche Entdeckungstour

Der „Fürst zu Fulda" –
Eine königliche Entdeckungstour

Im Gegensatz zu unseren niederländischen Nachbarn wissen hierzulande nur wenige, dass der erste König der Niederlande seine „Lehrjahre" als Regent in Fulda verbracht hat: Wilhelm Friedrich von Oranien-Nassau (1772-1843), später Wilhelm I. der Niederlande, regierte von 1802 bis 1806 als „Fürst zu Fulda" einen Streustaat, zu dem neben den fuldischen Besitzungen auch Corvey, Dortmund und die Abtei Weingarten gehörten. Ursprünglich hatte Napoleon Wilhelm V. von Oranien-Nassau mit diesen Territorien entschädigt. Doch dieser legte die Regierungsverantwortung in die Hände des Sohnes. Der 30-jährige oranische Erbprinz machte Fulda zu seiner Residenzstadt und zog dort am 6. Dezember 1802 als erster weltlicher Herrscher ein.

Seine fuldische Regentschaft endete am 14. Oktober 1806 mit dem Sieg Napoleons in der Doppelschlacht von Jena und Auerstedt. Wilhelm Friedrich, Sohn einer preußischen Prinzessin und selbst mit einer preußischen Prinzessin vermählt, hatte sich zuvor geweigert dem Rheinbund beizutreten und mit Preußen gegen Frankreich gekämpft. Napoleon nahm ihm nach der preußischen Kapitulation seine Länder. Nachdem im November 1813 die Preußen in Holland eingedrungen waren und sich das Volk gegen die französische Herrschaft aufgelehnt hatte, wurde der Erbprinz durch den Wiener Kongress 1814 als Wilhelm I. in Amsterdam zum König der Niederlande ernannt.

Trotz seiner nur vierjährigen Regentschaft setzte Wilhelm Friedrich als Reformer nach preußischem Vorbild in Fulda

> **Dauer**: rund 5 Stunden mit Besuch von Museum Schloss Fasanerie
> **Länge**: etwa 5 Kilometer
> **Strecke**: zahlreiche Steigungen und Gefälle, mehrere Treppen, wechselnder Bodenbelag

Blick auf die Wilhelmstraße

zahlreiche Zeichen, die es auf diesem Spaziergang zu entdecken gilt.

Wilhelmstraße

Wir beginnen unsere königliche Entdeckungstour in der nach dem Herrscher benannten Wilhelmstraße. Bereits kurz nach Übernahme der Regentschaft trug sich der „Fürst zu Fulda" mit Plänen eine Reihe neuer Häuser erbauen zu lassen. Sie sollten von einer „zweckmäßigen Bauart" sein und wurden bis 1806 in seinem Auftrag errichtet, um Wohnungen für eine bürgerliche Schicht zu schaffen. Der Straßenzug unmittelbar neben dem Barockdom ist in Fulda das einzige komplett erhaltene klassizistische Straßenensemble. Seine Ästhetik beeindruckte schon Johann Wolfgang von Goethe, der auf der Route von Frankfurt nach Weimar mehrfach durch Fulda fuhr. Kein Wunder, vermittelt das Miteinander von klaren Linien, einfachen Formen und antiken Anleihen doch ein Idealbild von edler Einfalt und stiller Größe, wie es Johann Joachim Winckelmann formuliert hätte.

Bei der Wahl des Bauplatzes für die Wilhelmstraße waren zwei Aspekte von Bedeutung: Zum einen lag das Gebiet an einer der Hauptverkehrswege, die in die Stadt führten, zum anderen gehörte das Terrain zum ehemals kirchlichen Areal, also zum neu erworbenen Besitz Wil-

Porträt Wilhelm Friedrichs am Ehrenmal

helm Friedrichs – abgesehen vom Schultheißen Garten, über dessen Ankauf die neue oranische Verwaltung mit dem Magistrat der Stadt verhandelte. Das Bauprojekt wurde nach Wilhelm Friedrichs Willen noch um einen Häuserzug im Inneren des Dechaneihofes (vom Pförtnerhaus bis zum unteren Bau der Dechanei) und um das Wilhelmstor, das den künftigen Eingang zur Stadt markieren sollte, erweitert. Den Auftrag erhielt Baumeister Johann Michael Christian Gustav Vorherr. Das Gittertor wurde bereits 1866 wieder abgerissen, weil es dem zunehmenden Verkehr im Wege war.

Ehrenmal

In unmittelbarer Nähe der Wilhelmstraße, auf der Verkehrsinsel am Beginn der Johannes-Dyba-Allee zwischen Dom und Altstadt, erinnert seit Herbst 2014 ein Ehrenmal an Wilhelm Friedrich. Die Idee dazu kam von einer Initiative aus Fuldas niederländischer Partnerstadt Dokkum. Eine niederländische Stiftung, die Bürgerschaftliche Initiative und die Stadt Fulda wollen mit dem Denkmal die Erinnerung an den Regenten wieder aufleben lassen. Entworfen und ausgeführt hat es der Fuldaer Bildhauer Rainer Landgraf. Die 2,80 Meter hohe Steinstele ziert ein bronzenes Porträt des Fürsten und sein Wappen, in dessen erstem Quartal das fuldische Kreuz zu sehen ist. Die anderen Quartale zeigen Corvey (Höxter), Dortmund und Weingarten. Im Herzen ist Oranje mit dem nassauischen Löwen zu sehen. Eingemeißelt in den Stein sind der Wahlspruch Wilhelm Friedrichs „Je maintiendrai Nassau" („Ich werde Nassau aufrechterhalten") und „Wachse hoch, Oranien!", der Titel einer Hymne zu seinen Ehren.

Schloss und Schlossgarten

Nun gehen wir an der linken Seite der Johannes-Dyba-Allee in Richtung Pauluspromenade, überqueren diese an der Ampel und wenden uns nach rechts. Nach wenigen Metern entlang der Steinmauer erreichen wir links eine Tür. Einige Treppenstu-

Das Fuldaer Schloss war von 1802 bis 1806 Residenz von Wilhelm Friedrich

fen führen hinauf zur Schlossterrasse und zum Schloss, das ab Ende 1802 Wilhelm Friedrichs Residenz war.

Von hier aus regierte er seinen Streustaat während seiner vier Jahre als „Fürst zu Fulda". Im Fuldaer Schloss erfolgte 1806 im Rahmen eines Banketts auch die Uraufführung der erwähnten Hymne „Wachse hoch, Oranien!". Anlass war die Geburtstagsfeier von Wilhelm Friedrich am 24. August 1806. Dichter der Eloge war August Gottlieb Meißner. Der Lehrer und Literat war 1805 aus Prag dem Ruf des Fürsten nach Fulda gefolgt, um dort als Rektor des neu gegründeten Fuldaer Lyzeums zu wirken, und hatte den Titel eines „nassau-oranischen Consistorial-Raths" erhalten. Die Musik der Hymne stammt von Michael Henkel, Fuldaer Stadtkantor, Musiklehrer, Organist und Komponist. Das in Fulda entstandene Werk wurde rasch ins Holländische übertragen. Nachdem der Erbprinz 1814 den Königsthron bestiegen hatte, sang man die Hymne auch in den Niederlanden und sie avancierte dort zum Volkslied. Über die Hymne und viele andere Aspekte aus Wilhelm Friedrichs Fuldaer Jahren informiert seit Herbst 2014 eine Ausstellung im ersten Obergeschoss des Fuldaer Stadtschlosses, die im Vorraum der ehemaligen Katharinen-Kapelle kostenfrei besichtigt werden kann.

Weiter geht es am Schloss vorbei ein Stück durch den oberen Teil des Schlossgartens, der ursprünglich ein Barockgarten war.

Wilhelm Friedrich, dem ein Landschaftspark nach englischem Vorbild vorschwebte, ließ zu Beginn des 19. Jahrhunderts Kastanien, Eichen und Buchen pflanzen, von denen einige noch erhalten sein sollen. In der ersten Hälfte der schattigen Kastanienallee führt rechts eine neu angelegte Steintreppe aus dem Schlossgarten. Nun geht es über weitere Stufen hinauf: Schnell fällt der Blick auf die Christuskirche, die nach dem Überqueren der Straße Heinrich-von-Bibra-Platz erreicht ist.

Christuskirche und Haus Oranien

Das Gotteshaus ist ein steinernes Zeichen dafür, dass ab Beginn des 19. Jahrhunderts endlich auch Protestanten in Fulda langfristig ihren Glauben frei ausüben und ein aktives Gemeindeleben entfalten konnten. Den Anstoß dazu hatte Wilhelm Friedrich gegeben. Am Anfang seiner Regierungszeit waren 90 Prozent der Bevölkerung im Fürstentum Fulda katholisch. Um seine Reformpläne voranzubringen, holte der Fürst meist aus Nassau stammende protestantische Beamte und Hofdiener in die Stadt. Zu seinen ersten Regierungshandlungen gehörte die Gründung einer Evangelischen Gemeinde. Im Dezember 1802 berief er Vikar Gottfried Langenscheid zum Prediger. Die Zahl der in der Stadt und den Vorstädten lebenden Evangelischen, die der neuen Gemeinde angehörten, wuchs nach der oranischen Inbesitz-

Die Christuskirche in der Lindenstraße

nahme auf über 340 Seelen. Die Mehrzahl gehörte dem Soldaten-, Beamten- und Bürgerstand an.

Die Evangelische Gemeinde brauchte ein Gotteshaus. So wies ihr Wilhelm Friedrich das Oratorium Marianum der Universität zu, das noch entsprechend hergerichtet werden musste. Am Palmsonntag 1803 wurde dort der erste Gottesdienst gefeiert. In den folgenden Jahrzehnten wuchs die Evangelische Gemeinde. Von 1894 bis 1896 wurde die Christuskirche errichtet, die als Sandsteinquaderbau im neogotischen Stil protestantisches Leben im Stadtbild seither weithin sichtbar macht.

Wenige Meter weiter, vorbei an der Hochschul- und Landesbibliothek, überqueren wir an der Ampel die Heinrichstraße und nähern uns dem 1956 eingeweihten Zentrum der Evangelischen Gesamtgemeinde Fulda am Heinrich-von-Bibra-Platz. Es erinnert mit seinem Namen Haus Oranien an den protestantischen Regenten. Außerdem ist im Eingangsbereich eine Gedenkplatte angebracht. Dabei handelt es sich um eine gusseiserne Ofenplatte, die wohl ursprünglich aus dem Fuldaer Schloss stammt.

Gedenkplatte im Haus Oranien

Wir verlassen das Haus Oranien, wenden uns nach rechts, überqueren an der Ampel-Kreuzung die Kurfürstenstraße und die Magdeburger Straße. In der Unterführung liegt nach wenigen Metern die Haltestelle Heinrich-von-Bibra-Platz, von der aus uns der Bus zur nächsten Station bringt.

🚌 Hinfahrt: Haltestelle Heinrich-von-Bibra-Platz, Buslinie 9A (Richtung Petersberg Nord/Rauschenberg), bis Haltestelle Florengasse

„Wilhelmshospital"

Nach dem Ausstieg an der Haltestelle Florengasse in der Künzeller Straße geht es wenige Meter in Richtung Ampel, dann links in die Buseckstraße und wir nähern uns dem ehemaligen „Wilhelmshospital". Mit seiner Gründung 1805 trug Wilhelm Friedrich wesentlich zu einer nachhaltigen Verbesserung der Gesundheitsversorgung bei. Auf das „Wilhelmshospital", später Landkrankenhaus genannt, geht die Geschichte des heutigen Klinikums Fulda zurück. Schon 1803 ließ sich Wilhelm Fried-

Im ehemaligen „Wilhelmshospital" befindet sich heute die Musikschule der Stadt.

rich über die „nöthige Herstellung eines Stadt- und Militär-Lazareths" informieren. Die aus dem Mittelalter stammenden Spitäler waren längst zu klein und zu marode, um den Bedürfnissen gerecht zu werden. Der Fürst setzte sich für eine rasche Standortsuche ein und regelte die Finanzierung. Im Juni 1804 hob er das Kapuzinerkloster auf und ließ einen Kostenvoranschlag fertigen für den provisorischen Umbau zu einem Krankenhaus mit angeschlossener Irrenanstalt und Entbindungsklinik.

Mit der Umgestaltung des Gebäudes und den Planungen beauftragte er Clemens Wenzeslaus Coudray. Im April 1806 wurde der Plan einer dreiflügeligen Anlage mit einem dreistökkigen neuen Hauptgebäude, das an die bestehenden alten Klostertrakte anschloss, genehmigt. Die Grundsteinlegung war im Juli 1806. Nur Monate später musste Wilhelm Friedrich Fulda verlassen. Der klassizistische Neubau, der über 100 Betten fasste, wurde 1810 vollendet. Heute ist darin die Musikschule der Stadt untergebracht.

Wir gehen zurück zur Ampel-Kreuzung, überqueren die Künzeller Straße und spazieren die Florengasse hinunter. Auf halber Höhe queren wir dabei die Dalbergstraße. Von der Florengasse geht es über das Peterstor den Buttermarkt entlang in den Steinweg.

Alte Universität

Auf der Höhe des Jesuitenplatzes fällt der Blick auf ein Barockgebäude am unteren Universitätsplatz: die Alte Universität, in der sich heute die Adolf-von-Dalberg-Schule befindet. Die 1734 unter Fürstabt Adolf von Dalberg gegründete Universität wurde durch Wilhelm Friedrich 1805 geschlossen. Schon 1803 hatte er der Evangelischen Gemeinde dort das Oratorium Marianum als erstes Gotteshaus zur Verfügung gestellt. 1805 gründete der Regent und Reformer, der sich am Vorbild Preußens orientierte und der Bildung eine wichtige Bedeutung zumaß, ein Gymnasium und Lyzeum.

Die Universität ließ der „Fürst zu Fulda" schließen und richtete dort ein Gymnasium und Lyzeum ein.

Ehemaliges Leih- und Pfandhaus

Über den Steinweg, vorbei am Borgiasplatz und durch die Nonnengasse geht es links in die Schlossstraße hinunter bis zum Palais Buttlar. Darin ist heute neben der Tourist-Info das Stadtarchiv zu finden. Wer von der Pfandhausstraße auf den Barockbau blickt, in dem sich einst die fuldische Münze befand, dem fallen im Erdgeschoss sogleich die vergitterten Fenster ins Auge, die Schutz bieten sollten. 1805 bezog hier das von Wilhelm Friedrich gegründete Leih- und Pfandhaus seinen ersten Dienstsitz. Mit der Gründung des Instituts, das als einer der Vorgänger der Fuldaer Sparkasse angesehen werden kann, leistete er einen wesentlichen Beitrag zur Wohlfahrtspflege.

Im ehemaligen Gebäude der fuldischen Münze hatte das von Wilhelm Friedrich gegründete Leih- und Pfandhaus seinen ersten Dienstsitz.

Tipp: Schloss Fasanerie

Wer weiter auf den Spuren des Regenten wandeln will, der sollte Schloss Fasanerie bei Eichenzell besuchen, das gemeinsam mit der Stadt Fulda 2014 der Oranierroute beigetreten ist (Homepage: www.germany.travel/nl/ms/oranjeroute/home-page.html). Die Ferienstraße beginnt in Amsterdam, führt auf 2400 Kilometern unter anderem durch Städte und Regionen Nord- und Mitteldeutschlands, die dem Hause Oranien-Nassau seit Jahrhunderten verbunden sind und endet schließlich wieder in Amsterdam.

Da dieses Buch Fasanerie bereits einen eigenen Spaziergang gewidmet hat, hier nur einige Hinweise zur Bedeutung des Schlosses mit Blick auf Wilhelm Friedrich. In seiner Sommerresidenz empfing der „Fürst zu Fulda" während seiner vierjährigen Regierungszeit namhafte Personen seiner Zeit – beispielsweise am 21. Juni 1803 das preußische Königspaar: seinen Schwager Friedrich Wilhelm III. und dessen Frau Königin Luise.

Die große Kunstsammlung des Museums vereint zahlreiche Exponate, die in Verbindung mit dem Hause Oranien-Nassau stehen, darunter ein Schmuckkästchen mit dem prachtvollen Monogramm Friedrich Heinrichs von Oranien-Nassau (1584-1647), ein Kinderporträt von Wilhelm II. (1626-1650), gemalt von Gerrit van Honthorst, Porträts von Prinzessinnen des Hauses Nassau-Dietz und schließlich aus dem Gouverneursgebäude von Maastricht die vollständige lebensgroße Porträtgalerie der zehn bis 1793 Dienst habenden Festungskommandeure der Stadt. 2012 erwarb die Kulturstiftung des Hauses Hessen ein Porträt von Wilhelm Friedrich von Oranien-Nassau, gemalt von dem bei Hanau geborenen Künstler Friedrich Bury. Das Bild ist eine besondere Attraktion und erinnert im Galeriesaal an den früheren Schlossherrn und ersten König der Niederlande.

Hinfahrt: Busbahnhof Stadtschloss, Buslinie 7, bis Engelhelms, Haltestelle Ortsmitte

🚌 Der Bus hält in der Edelzeller Straße. Dann geht es nach rechts in die Bronnzeller Straße und nach wenigen Metern links in die Schlossstraße, die direkt nach Fasanarie führt. Nach dem Besuch spaziert man auf dem gleichen Weg zurück nach Engelhelms (siehe Plan auf Seite 78).

Der Maler Friedrich Bury schuf dieses Porträt Wilhelm Friedrichs. Heute ist das Bild im Galeriesaal von Museum Schloss Fasanerie zu bewundern.

🚌 Rückfahrt: Engelhelms, Haltestelle Ortsmitte, Buslinie 7, bis Busbahnhof Stadtschloss

Bummeln und Genießen – Auf die Plätze, fertig, los!

Bummeln und Genießen – Auf die Plätze, fertig, los!

Wer gerne durch die Stadt schlendert, sich beim Bummeln die Auslagen der Schaufenster anschaut, sich mit Freunden und Bekannten in Straßencafés oder Kneipen trifft, Essen und Trinken für weit mehr als eine Notwendigkeit hält und zwischen zwei Erledigungen auch einen kurzen Plausch zu schätzen weiß, der ist in Fulda gut aufgehoben. Anders als die Einkaufszentren „Kaiserwiesen" und „Emaillierwerk", wo man bequem und schnell alles Notwendige besorgen kann, bietet die Innenstadt nicht nur eine Fülle von Möglichkeiten zum Einkaufen, sondern auch zum Verweilen und Genießen. Dieser kleine Rundgang führt über Fuldas beliebteste Shopping-Meilen und

Genuss-Gässchen zu den schönsten Fleckchen zum Sitzen und Schauen, zum Sehen und Gesehenwerden. In diesem Sinne: Auf die Plätze, fertig, los!

> **Dauer:** etwa 1,5 Stunden (mit kurzen Verweilpausen)
> **Länge:** zirka 2 Kilometer
> **Strecke:** Steigungen und Gefälle sind zu bewältigen.

Bahnhofsvorplatz und Bahnhofstraße

Los geht es am Fuldaer Bahnhof. Der Vorplatz ist ein beliebter Treffpunkt für junge Leute. Auf den Treppenstufen, die hinauf zu „The Orange" (Bahnhofstraße 27) führen, machen es sich Sonnenanbeter in den Nachmittagsstunden gerne bequem. Auch die Terrasse ist am frühen Abend ein perfekter Platz, um in Ruhe einen Cocktail zu schlürfen, während man die Vorbeiströmenden dabei beobachtet, wie sie zu Bus und Bahn eilen oder von dort kommend sich auf den Weg nach Hause oder in die Stadt machen.

Bahnhofstraße

In der Bahnhofstraße reihen sich kleine Läden und Filialen großer Ketten aneinander wie Perlen an einer Kette. Zunächst überquert man die Heinrichstraße, dann die Lindenstraße und schließlich die Rabanusstraße. Und schon ist die Mitte des städtischen Lebens erreicht: der Fuldaer Universitätsplatz.

Universitätsplatz

Der Uniplatz, wie ihn die Fuldaer kurz und liebevoll nennen, ist seit den 60er Jahren das Herz, das den Handel pulsieren lässt. In der Amtszeit des Fuldaer Oberbürgermeisters Dr. Alfred Dregger wurde auf dem Karree zwischen Uniplatz und Steinweg, dem Borgiasgelände, ein nach den Vorstellungen jener Zeit modernes Zentrum geschaffen. Es sollte als attraktives Einkaufsziel Kunden aus der Rhön und dem Vogelsberg in die Stadt ziehen und den Einzelhandel beleben. Vom Neubau des „Karstadt"-Kaufhauses mit einer Verkaufsfläche von bis dahin nicht gekannter Größe erwartete sich die Stadt eine Magnetwirkung über die Grenzen Osthessens hinaus. Die Rechnung ging auf. Mit Sep Ruf, verantwortlich unter anderem

Fuldas attraktive Mitte: der Universitätsplatz

Blick auf den Uniplatz in Richtung Bahnhofstraße

für das Germanische Nationalmuseum in Nürnberg und den Kanzlerbungalow in Bonn, konnte einer der führenden Architekten seiner Zeit für die Neugestaltung gewonnen werden. Er verlieh dem Bau und dem Platz, unter dem neben einer Tiefgarage auch ein Atombunker Platz fand, seine Handschrift.

Doch die Zeitläufte forderten in Fuldas Mitte ihren Tribut. Der Platz verlor mit den Jahrzehnten an Strahlkraft. So wurde nach intensiven Planungen, zweijähriger Bauzeit und mit hohem finanziellem Aufwand 2011 der neu gestaltete Uniplatz mit einem großen Fest neu eröffnet. Die „Operation am offenen Herzen" – wie Oberbürgermeister Gerhard Möller das Projekt genannt hat – ist gelungen. Der Platz wirkt heller, freundlicher, lädt mit Bänken, Brunnen und Baumhain zum Verweilen ein, bietet Klang- und Wasserspiele für Kinder. Fuldas neue Mitte ist nun wieder ein attraktiver Veranstaltungsort zu jeder Jahreszeit – vom Frühlingsfest bis zum Weihnachtsmarkt.

Die Tiefgarage sorgt für bequemes Parken und kurze Wege. Das neu eröffnete „Café am Uniplatz" von „Bäcker Happ" ist schnell zum beliebten Treffpunkt geworden. Mit dem neuen Geschäftshaus, in das eine Filiale von „Depot" eingezogen ist, hat sich der Publikumsverkehr ebenfalls gesteigert. Davon dürften auch die alteingesessenen Anrainer profitieren: „Galeria Kaufhof", von Altfuldaern nach dem einstigen „Kaufhaus Kerber" gerne noch „Kerbschs' Karl" genannt, der kommunale Versorger „RhönEnergie Fulda" mit dem modernen Kundenzentrum, die Geldinstitute, das traditionsreiche „Modehaus Erna Schneider", das kleine, aber feine Tabakwarengeschäft von „Wolsdorff Tobacco", ehemals „Palm Tobacco", und natürlich das Kaufhaus „Karstadt", an das sich rechts der sogenannte Patronatsbau anschließt.

Borgiasplatz

Das Erscheinungsbild des Patronatsbaus geht ebenfalls auf Pläne von Sep Ruf zurück. Der Gebäudekomplex entstand im Auftrag des Bistums Fulda zeitgleich zum „Karstadt"-Kaufhaus. Heute sind im Patronatsbau vornehmlich Modegeschäfte untergebracht. Durch einen Verbindungsbau zog Ruf eine Trennlinie zum Uniplatz und schuf zugleich ein Karree, das als Borgiasplatz von drei Seiten durch moderne Architektur

Patronatsbau und Borgiasplatz

umrahmt war und dessen vierte Seite offen blieb. Sie gibt bis heute den herrlichen Blick frei auf das Alte Rathaus und die Stadtpfarrkirche. Bei einem Cappuccino auf der Sonnenterrasse von „Papperts Patronatscafé" lässt sich diese Aussicht genießen. Zudem blickt man auf den restaurierten Brunnen mit den Heiligen Benedikt, Bonifatius und Sturmius. Letzterer, in Metall statt in Stein ausgeführt, ist leider etwas kleiner ausgefallen, was seine Bedeutung für Fuldas Geschichte aber keinesfalls schmälert.

Brunnen am Borgiasplatz

Steinweg, Buttermarkt und Marktstraße

Wir biegen in den Steinweg ein, der früher „Steinerweg" oder „Steinergasse" hieß und als einstige Hauptstraße der Stadt das erste vornehme Steinpflaster hatte. Vor und im „Vini & Panini" (Steinweg 2-4) gibt es italienische Leckereien und immer viel zu sehen. In den hübschen kleinen Läden werden vor allem die Damen schnell fündig – beispielsweise im „Schneckenhaus" (Steinweg 10) mit seiner großen Auswahl an Schmuck und Accessoires.

Vorbei geht es an der Pauly-Passage, durch die man direkt in die Marktstraße gelangen kann, hinunter zum Buttermarkt. Sein Name verweist darauf, dass es dort bis in die Mitte des 20. Jahrhunderts Butter und andere Produkte aus der Landwirtschaft zu kaufen gab. Heute bieten hier viele Fachgeschäfte sachkundige Beratung und alles, was Frauen und Männer mögen: von flotten Fummeln, hippen Hosen

„Schneckenhaus"

und schicken Schuhen bis hin zu angesagten Brillen und vielem mehr.

Haus „Zum schwarzen Bären"

Natürlich kann man sich auch vor „La Gelateria" (Buttermarkt 5) ein leckeres Eis oder einen Espresso gönnen und auf das gegenüberliegende Haus „Zum schwarzen Bären" (Buttermarkt 6) blicken, an dem links das Poussiergässchen vorbeiführt. Der stattliche Bau mit dem Fachwerkgiebel war zuerst Zunftherberge der Strumpfstricker, Weißgerber und Kupferschmiede und später bis 1895 Gasthaus.

Der Buttermarkt grenzt an die Marktstraße, in der manch schmucke Barockfas-

Buttermarkt

sade und die eine oder andere anmutige Marienfigur zu entdecken sind. Neben Filialen namhafter Anbieter erfüllen auch einige attraktive Einzelhandelsgeschäfte Kundenwünsche – beispielsweise das Schuhgeschäft „Scheuermann" (Marktstraße 17). Der

Marktstraße

Brunnen in der Marktstraße stammt aus dem Jahr 1975. Die Bronzeplastik ist eine Arbeit des Schweinfurter Künstlers Hans Söller.

Hinter dem Gebäude der Sparkasse Fulda geht links ein kleiner Weg ab: die Fastnachtsgasse. Sie erinnert an die fünfte Jahreszeit, die vielen Einheimischen als die liebste gilt.

„Fulder Foaset"

Fulda ist eine Hochburg des närrischen Treibens in Hessen. Hier wird ordentlich „Foaset" gefeiert, und zwar mit allem Drum und Dran. Am 11. 11. um 11.11 Uhr starten die Narren vor der Sparkasse am Buttermarkt mit viel Tamtam in die neue Kampagne. Dann gibt es auch köstliche Kräppel (andernorts sagt man wohl Krapfen oder Berliner), die aber nicht nur zur Fastnachtszeit schmecken. Höhepunkt der Saison ist der Rosenmontag, wenn sich der lustige Lindwurm nach Abfeuern der elf Böllerschüsse aus der Konfettikanone ab 13.33 Uhr vom Bahnhof aus mit vielen Musikgruppen und bunten Wagen durch die Innenstadt schlängelt. Der Zug mit mehr als 4.000 Aktiven führt die Bahnhofstraße hinunter durch Rabanusstraße, Schlossstraße und Friedrichstraße, dann Unterm Heilig Kreuz in die Marktstraße zum Buttermarkt und durch Karlstraße und Königstraße zum Abtstor. Bonbons fliegen von den bunten Wagen, (Hand-) Küsschen werden großzügig verteilt und es gibt launige Klänge zum Schunkeln und Mitsingen. Das macht gute

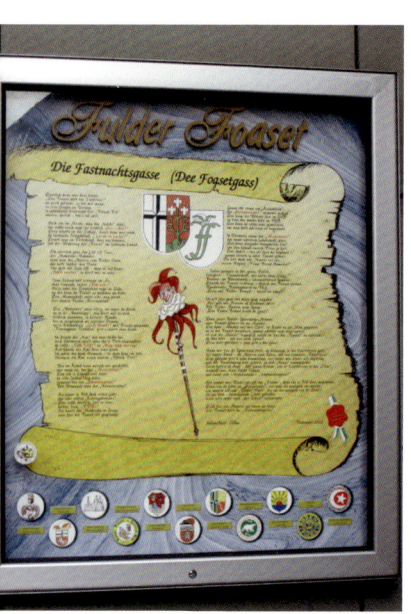

Schaukasten in der Fastnachtsgasse

Laune. Aber auch für die „Fulder Foaset" gilt: Am Aschermittwoch ist alles vorbei ... – zumindest bis zum nächsten 11. 11.

Karlstraße, Mittelstraße und Kanalstraße

Nun geht es die Karlstraße hinunter. Dort bietet „Die Stadtmetzgerei" (Karlstraße 6) einen leckeren Mittagstisch an. Außerdem gibt es wie bei jedem guten Metzger der Region den Fuldaer Schwartemagen, den man sich am besten mit frischem Fuldaer Kümmelbrot und etwas Senf einverleibt. Das ist nichts für Kalorienzähler, aber köstlich.

Wer Hausmannskost mag, der ist in der rechts angrenzenden Straße Am Stockhaus im „Bratwurstglöckle" (Am Stockhaus 10-12) gut aufgehoben. Die Traditionsgastronomie hat neben Gulasch, Rouladen und Schnitzel auch Spezialitäten aus Pferdefleisch auf der Karte. Wer den „Fuldaer Original Pferdeklops" – am besten mit Kartoffelsalat und einem kühlen Hochstift Pils – mal probiert hat, der weiß ihn zu schätzen. Für alle, die es lieber fleischlos mögen, gibt es Alternativen. Anschließend darf man sich bei „Yo-Kurt Frozen Yoghurt" (ebenfalls Am Stockhaus 10-12) noch ein leckeres Dessert aus gefrorenem

Eine Spezialität: Schwartemagen

„Bratwurstglöckle"

„Windmühle"

Joghurt und unterschiedlichen Leckereien nach Wahl gönnen, von frischen Früchten der Saison bis hin zu Saucen, Sirups und vielem mehr.

„Fuldaer Rucksack"

Die Fuldaer essen und trinken gerne – auch wenn man das den meisten nicht ansieht. Die Freude am Schnabulieren hat Tradition. So heißt es etwa: Wenn die Fuldaer die Domtürme nicht mehr sehen, dann kriegen sie Hunger und packen die Brote aus. Als ab dem 19. Jahrhundert Bewohner der Region ins Rhein-Main-Gebiet fuhren, um dort zu arbeiten, hatten sie meist schwere Rucksäcke mit Proviant dabei, um sich stärken zu können. Auch deshalb wurden die Fremdarbeiter aus der fuldischen Provinz von den Großstädtern des vornehmen Frankfurt ein wenig kritisch beäugt. Damals kam über irgendeine böse Zunge zum ersten Mal das Wort vom „Fuldaer Rucksack". Die Domstädter nahmen es erst hin und dann mit Humor. Und so wurde der Schmähbegriff zum geflügelten Wort.

Die Karlstraße wird von der Mittelstraße durchschnitten, in der für Kunstinteressierte die alteingesessene „Galerie Raab" (Mittelstraße 29) eine gute Adresse ist. Wir überqueren die Mittelstraße und folgen der Karlstraße. Das Fachwerkeckhaus mit der urigen Gastwirtschaft „Windmühle" (Karlstraße 17) ist quasi der Beginn des „Bermuda-Dreiecks" aus beliebten Kneipen, in denen vor allem am Wochenende immer viel los ist. Dazu zählen unter anderem das „Schöppchen" (Karlstraße 16), das „Rädchen" beziehungsweise „Die Restauration zum Goldenen Rad" (Karlstraße 25), wo man sonntags auch wunderbar brunchen kann, die „Café-Bar 22" (Karlstraße 22), das „Krokodil" (Karlstraße 31) sowie in der rechts angrenzenden Kanalstraße die „Altstadt" (Kanalstraße 53) und die Cocktailbar „Villa España" (Kanalstraße 55). Wer sich für den Flug in die Nacht eine gute Grundlage schaffen will, kann dies beispielsweise im Ristorante „La Gondola" tun (Karlstraße 29).

Nach dem „Auf und davon" (Karlstraße 33), einem Fachgeschäft für Outdoor-Mode und -Ausstattung, wartet wenige Meter weiter Bernd Lembachs Konditorei „Marzipan &

Konditor Bernd Lembach

„Goldener Karpfen"

Trüffel" (Karlstraße 35). Der Fuldaer Konditor macht Wünsche aus Marzipan wahr und modelliert aus der süßen Massen und besten Zutaten kreative Köstlichkeiten. Auch die Trüffel sind eine Sünde wert. Im benachbarten Haus versüßt der „Gummibärchenladen" (Karlstraße 37) ebenfalls das Leben.

Am Ende der Karlstraße sprudelt der Simpliziusbrunnen. Dort liegt das Romantik-Hotel und Restaurant „Goldener Karpfen" (Simpliziusbrunnen 1) der Familie Tünsmeyer. Mit seiner exquisiten Küche lässt das Traditionshaus Genießerherzen höherschlagen. Lang ist die Liste an Prominenten aus Wirtschaft, Kultur und Politik, die hier übernachtet und diniert haben – und gerne wiederkommen. Kein Wunder, denn das Ambiente ist überaus einladend, und schließlich lässt sich jeder gerne verwöhnen.

Auf der anderen Seite der Karlstraße geht es zurück – vorbei am Second-Hand-Laden „Foxtrott" (Karlstraße 32), in dem man tolle Schnäppchen machen kann. Am Eckhaus mit der Galerie „Zum kleinen Mann" (Kanalstraße 76), die ein großes Sortiment an originellen Mitbringseln, Postkarten und Deko-Artikeln bereithält, biegen wir ein in die Kanalstraße, wo es bei Özcan Cetin Sera (Kanalstraße 74) frisches Obst und Gemüse, Kräuter, leckere Brotaufstriche aus eigener Herstellung und Fladenbrot zu kaufen gibt.

Nebenan verwöhnen Steffi Frühauf-Dehler und ihr Team die Gäste ihres gemütlichen „LadenCafés MandelRose" (Kanalstraße 74) im Wiener Kaffeehaus-Flair mit hausgemachten

„LadenCafé MandelRose"

Kuchen, Brot und Eis und köstlichen Kaffee- und Tee-Spezialitäten. Außerdem halten sie exquisite Naschereien rund um Mandel und Rose bereit.

Gemüsemarkt

Nach dem Überqueren der Robert-Kircher-Straße am Spielzeuggeschäft „Die Murmel" (Kanalstraße 37) kommen wir an den Galerieräumen des Kunstvereins Fulda (Kanalstraße 52) vorbei, der immer wieder interessante Ausstellungen präsentiert. Dann ist der Gemüsemarkt erreicht, der erst seit 1837 diesen Namen trägt, aber bereits seit 1795 als solcher dient. Aus jener Zeit stammt noch der Brunnen mit dem Wappen des letzten Fuldaer Fürstbischofs Adalbert von Harstall.

Mittwochs und samstags (außer an Feiertagen) ist der Fuldaer Wochenmarkt von 7 bis 13.30 Uhr geöffnet, mit einem reichhaltigen Angebot von Obst und Gemüse, Eiern, Käse, Fleisch, Wurst und Fisch. Gartenfreunde kaufen hier gerne ihre Pflanzen, Blumenliebhaber besorgen sich die farbenfrohen Schönheiten der Saison für Vase, Fensterbrett und Bal-

Harstall-Brunnen

konkasten. Der Wochenmarkt ist vor allem samstags bei den Fuldaern aber nicht nur zum Einkaufen, sondern auch als Treffpunkt äußerst beliebt. Die einen kommen nach den Besorgungen in der „Rösterei Gecko" (Kanalstraße 50) auf einen leckeren Kaffee oder Cappuccino zusammen. Die anderen verabreden sich mit Freunden in der „Weinhandlung Jupp Hahner" (Gemüsemarkt 9), um sich einen guten Tropfen zu genehmigen und sich dabei über Neuigkeiten, Klatsch und Tratsch und eigene Befindlichkeiten auszutauschen.

Vegetarier und alle anderen, die gerne mal fleischlos essen, schwören auf das „Bistrorant Mercado" (Gemüsemarkt 15) mit seinen wechselnden Tagesmenüs, Sushi-Fans gehen ins „Little Tokyo" (Gemüsemarkt 12), und wer lukullisch Sehnsucht nach dem Mittelmeer verspürt, kann diese beispielsweise im Restaurant „Mediterran Delikate" (Kanalstraße 34) stillen.

Luckenberg und Pfandhausstraße

Hinter dem Gemüsemarkt geht die Kanalstraße weiter. Wer Lust auf Kaffee und Torte hat, der sollte dem Straßenverlauf folgen und kommt zum „Café Wess am Dom" (Kanalstraße 2a). Alle, die noch ein wenig Puste haben, steigen nun rechts den Luckenberg hinauf, wo unter anderem Walter M. Rammler mit dem „Fotodesign Fulda" (Luckenberg 1) für interessante Perspektiven sorgt. Der Fotograf ist für seine herausragenden Aufnahmen weit über die Region Fulda hinaus bekannt. Im gleichen Gebäudekomplex nebenan liegt das „Atelier für Restaurierungen" von Jörg Büchner (Luckenberg 1). Durch das Schaufenster kann man dem staatlich geprüften Restaurator bei der Arbeit zuschauen. In das Atelier integriert ist mit „Spitzgedackelt" der vielleicht kleinste Hundeladen der Welt, in dem Kathrin Beier Decken, Halsbänder und mehr nach individuellen Wünschen in Handarbeit fertigt.

Pfandhausstraße

Am oberen Luckenberg liegt die Pfandhausstraße, in der „Breuers Weinhandel" (Pfandhausstraße 5), das Restaurant „Alte Pfandhausstube" (Pfandhausstraße 7-9) und das Feinschmeckerlokal „Dachsbau" (Pfandhausstraße 8) für gehobene Gaumenfreuden sorgen. Und im „La Romantica" (Pfandhausstraße 1) kommen die Freunde der italienischen Küche auf ihre Kosten.

Friedrichstraße und Platz Unterm Heilig Kreuz

Schon sind wir in der Friedrichstraße mit einer Vielzahl gastronomischer Betriebe. Ob asiatisch, italienisch, regional – hier ist für alle Wünsche gesorgt. Eisspezialitäten findet man natürlich auch.

Zu den innovativsten Geschäften zählt „Lieblings…" (Friedrichstraße 14-16) mit ausgesuchten Parfüms, Make-up, Hair-Design und Beauty-Behandlung, exklusiver Mode und den passenden Accessoires, floralen Finessen und allerhand kleinen und feinen Dingen, die man nicht notwendigerweise braucht, aber einem das Dasein ungemein verschönern – „Lieblings…"-Stücke eben.

Überhaupt bekommt man in der Friedrichstraße vieles, was das Leben lebenswerter macht. Hochwertige Markenuhren und Schmuck bei „Juwelier Bott" (Friedrichstraße 1), Elegantes und Bequemes für die Füße bei „Hodes Schuhe" (Friedrichstraße 5), romantische Kleider bei „Crea Time" (Friedrichstraße 13) und

Friedrichstraße

„Lieblings…"

Reise-Equipment und Handtaschen bei „Leder Meid" (Friedrichstraße 8). Das „Café Glück" (Friedrichstraße 20) hält neben Erfrischungen aller Art auch allerlei glückvolle Gedanken und Zitate bereit.

Sehr hübsch ist auch die überdachte Passage im Haus „Zum halben Mond" zwischen Friedrich- und Pfandhausstraße. Hier lassen „Kostbar" und „Casa-R-ella" (Friedrichstraße 7) neue Geschmackswelten entdecken, bieten Koch- und Grillkurse an und überraschen selbst ausgewiesene Gourmets mit Feinschmecker-Produkten aus Nah und Fern. Sollte es mal regnen – und auch das kommt in Fulda schon mal vor –, kann man hier geschützt und doch draußen seinen Espresso trinken.

Bei Sonnenschein hat man vor dem „Café Bar Palais" (Bonifatiusplatz 1) am Eingang zur Friedrichstraße den schönsten Blick auf das Barockviertel.

An Sonnentagen machen es sich viele auch am Platz Unterm Heilig Kreuz auf den Stufen der Stadtpfarrkirche bequem oder sitzen vor dem „Café Thiele" (Mittelstraße 2) am Eingang zur Mittelstraße. Dort müssen Erdbeer-Fans unbedingt „Creme Giovanni" probieren – eine Sünde für die Figur, aber was sein muss, muss sein!

Schild am Haus „Zum halben Mond"

Unterm Heilig Kreuz wird von Februar bis November donnerstags von 9 bis 14 Uhr der Bauernmarkt abgehalten. Fällt der Donnerstag auf einen Feiertag, wird die Veranstaltung auf den Mittwoch vorverlegt. Die Gemeinschaft der Direktvermarkter Rhön-Vogelsberg e. V. ist Veranstalter des Marktes, bei dem Händler Obst, Gemüse, Backwaren, Fleischprodukte und vieles mehr aus regionaler Erzeugung anbieten. Lecker schmeckt der „Zwibbelsploatz", aber auch eine Bratwurst mit Senf ist nicht zu verachten.

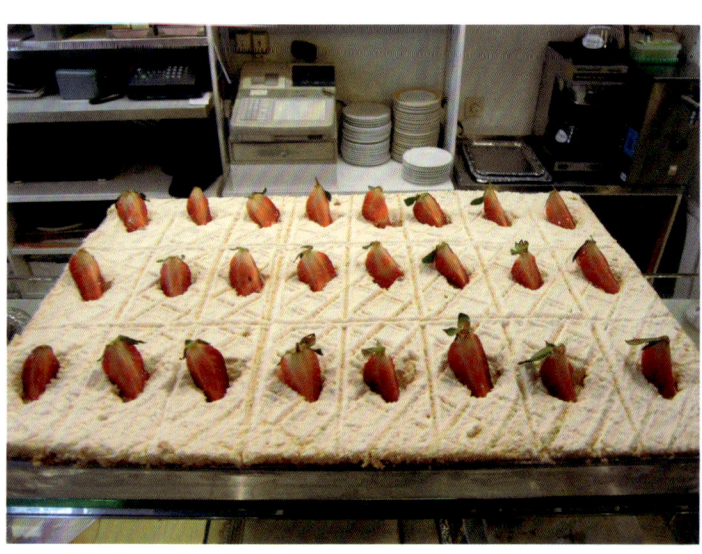

„Creme Giovanni"

Über Borgiasplatz und Uniplatz geht es links in die Rabanusstraße. Denn mit dem „Ideal" (Rabanusstraße 12), Café, Bar und Restaurant in einem, gibt es dort noch einen Tipp für alle, die Torten lieben und große Stücke nicht scheuen. Die Auswahl verblüfft, und die Qualität überzeugt. Das beweist besonders sonntags die lange Schlange derer, die am Kuchenbuffet anstehen, um sich ein Stück (oder mehrere) zu sichern – ob zum Genuss im Kulturcafé oder für zu Hause. Über den hinteren

„Ideal"

Eingang erreicht man direkt den Busbahnhof Stadtschloss und kann nach diesem Bummel per Bus die Rückfahrt antreten.

> **Tipp: Biergartenbesuch**
>
> Wer jetzt noch Lust hat auf einen Biergartenbesuch, dem seien zwei Adressen empfohlen, die bequem zu erreichen sind:
>
> Das **„Brauhaus Wiesenmühle"** (Wiesenmühlenstraße 13) ist eine rustikale Brauerei mit großzügigem Außenbereich auf einem jahrhundertealten Anwesen. Außerdem dreht sich hier das „größte Mühlrad Europas". Das selbstgebraute Bier ist süffig – ideal also, um den Tag ausklingen zu lassen.
>
>
>
> „Wiesenmühle"
>
> 🚌 Hinfahrt: Busbahnhof Stadtschloss, Buslinie 2 (Richtung Horas/Aschenberg West), bis Haltestelle Abtstor und dann die Wiesenmühlenstraße immer geradeaus
> Rückfahrt: Haltestelle Abtstor, Buslinie 2 (Richtung Ziehers Süd), bis Busbahnhof Stadtschloss

Ebenso einladend ist der Biergarten des „**Felsenkellers**" (Leipziger Straße 12). An heißen Tagen spenden alte Kastanien Schatten. Natürlich gibt es Hochstift Pils – schließlich sind es nur rund 50 Meter bis zum Braukessel des benachbarten Hochstiftlichen Brauhauses Fulda.

„Felsenkeller"

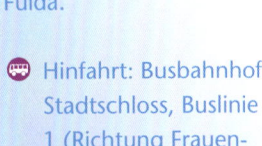 Hinfahrt: Busbahnhof Stadtschloss, Buslinie 1 (Richtung Frauenberg/Aschenberg Ost), bis Haltestelle Paulustor – von da rechts in die Leipziger Straße und noch wenige hundert Meter Fußweg
Rückfahrt: Haltestelle Paulustor, Buslinie 1 (Richtung Künzell), bis Busbahnhof Stadtschloss

Oasen in der Stadt –
Ab ins Grüne ...

Oasen in der Stadt – Ab ins Grüne ...

Dieser Spaziergang widmet sich einigen grünen Oasen Fuldas. Er möchte auf eine kleine Auswahl an Parks und Gärten hinweisen, in denen Frischluft-Fans die Natur genießen können, ohne zuvor ins Auto steigen zu müssen. Diese Ziele sind gut zu Fuß, aber auch rasch mit dem Bus erreichbar und bieten Information, Zerstreuung, Entspannung oder einfach eine gute Gelegenheit zum kurzen Verschnaufen. Ob Gartenliebhaber, Schmökerfreunde, die am liebsten im Grünen lesen, oder Eltern mit Kindern – für jeden dürfte bei dieser Tour etwas dabei sein.

Dauer: etwa 2,5 Stunden
Länge: rund 4 Kilometer
Strecke: bisweilen starke Steigungen und Gefälle, zahlreiche Treppenstufen

Klostergarten der Benediktinerinnenabtei zur Heiligen Maria

Einen Steinwurf vom Fuldaer Stadtschloss entfernt liegt in der Nonnengasse die Benediktinerinnenabtei zur Heiligen Maria. Das Frauenkloster wurde 1626 durch Fürstabt Johann Bernd Schenk zu Schweinsberg gegründet. Bis heute ist die Anlage hervorragend erhalten – auch der von den Benediktinerinnen traditionell ökologisch bewirtschaftete Klostergarten, der über die Grenzen Deutschlands hinaus großes Renommee genießt.

Ort/Kontakt: Benediktinerinnenabtei zur Heiligen Maria, Nonnengasse 16, 36037 Fulda, Telefon 0661 902450, www.abtei-fulda.de
Öffnungszeiten: Mai–September Sa. 14–16 Uhr; auch Gästeführungen werden angeboten (aktuelle Termine im Internet)

Klostergarten der Benediktinerinnenabtei zur Heiligen Maria

Mit mehr als 50 Jahren Erfahrung im biologischen Gartenbau sind Rat und Wissen der Abtei stets gefragt. Sie leistet einen aktiven Beitrag zum Umweltschutz. Wie das ausschaut, davon können sich Besucher von Mai bis September überzeugen. Dann öffnen die Fuldaer Benediktinerinnen die Tür zu ihrem grünen Kleinod. Rund zwei Hektar Garten befinden sich auf dem Klosterareal. Gemüse, Kräuter und Blumen gedeihen dank konsequenter biologischer Bearbeitung mit Pflanzenjauchen und Komposterde und zeigen nicht zuletzt aufgrund der Mischkultur hohe Fruchtbarkeit bei geringem Schädlingsbefall. Der Schutz und die Gesunderhaltung des Bodens sind wichtige Anliegen der Abtei, die zur Kompostierung eigens einen Kompostaktivator herstellt und vertreibt. Eine Bank auf der Klosterladenterrasse lädt jederzeit während der Ladenöffnungszeiten dazu ein, den stillen Frieden dieser grünen Oase zu genießen.

Im Laden sind Klosterprodukte und zahlreiche Publikationen erhältlich, die das gesammelte Wissen der Benediktinerinnen rund um den Gartenbau vereinen. Außerdem gibt die Abtei die dreimal jährlich erscheinende Zeitschrift „Winke für den Biogärtner" heraus. Eine willkommene Lektüre für all jene, die gerne selbst im eigenen Garten oder auf dem Balkon säen, pflanzen und ernten.

Sehr sehenswert sind auch das Portal und das Innere der Kirche. Besonders vom Altarraum und den Werken der 1997 verstorbenen Künstlerin des Klosters, Schwester Lioba Munz OSB, gehen eine kontemplative Kraft und Ruhe aus.

Dahliengarten

Nun geht es die Schlossstraße hinunter, vorbei an Bonifatiusplatz und Hauptwache, dann links in die Johannes-Dyba-Allee, wo sich kurz vor dem Beginn der Kanalstraße der Eingang zum Dahliengarten befindet. Er hat sich in den letzten Jahren vom Geheimtipp zum beliebten Ziel in der Mittagspause gemausert. Hier lässt sich, verborgen hinter hohen Mauern, ein prächtiger Sommergarten erleben – ein famoses Fest der Farben. Und auch im Frühling ist er geschmackvoll bepflanzt.

Dahliengarten

Öffnungszeiten: Ende April/Anfang Mai bis Ende September täglich von 9 bis 19 Uhr

Domdechaneigarten

Wir überqueren die Johannes-Dyba-Allee und sehen links des Domes den Zugang zum Domdechaneigarten. Dieser wurde 1994 zur Landesgartenschau neu gestaltet.

Die Mitte wird bestimmt durch eine Wasserachse. Rechts in Richtung Dommuseum führt ein Laubengang, in dem man eine Sammlung historischer Grabplatten bewundern kann. Eine besinnliche Atmosphäre kennzeich-

Domdechaneigarten

net diesen Gartenraum, in dem man sogar einige barocke Gartenzwerge entdeckt. Im Sommer verströmen alte Rosensorten ihren Duft. Auch hier sind Blumenfreunde goldrichtig.

> **Öffnungszeiten:** April–Oktober Di.–Sa. 10–17.30 Uhr, So. u. Feiertag 12.30–17.30 Uhr, November–März Di.–Sa. 10–12.30 Uhr u. 13.30–16 Uhr, So. u. Feiertag 12.30–16 Uhr; 15. Januar–15. Februar geschlossen – ebenso Karfreitag, Karsamstag, Ostersonntag, Pfingstsonntag, Heiligabend und 1. Weihnachtsfeiertag

Barocker Gartenzwerg

Schlossgarten

Über den Domplatz und die Pauluspromenade erreicht man in wenigen Minuten den Schlossgarten. Der weitläufige Park erstreckt sich zwischen Leipziger Straße und Schlossstraße sowie zwischen Pauluspromenade und Kurfürstenstraße.

Mauern und Gitter umschließen den Park mit seiner Schloss- und Orangerieterrasse, dem dazwischenliegenden Parterre mit dem großen Fontainebrunnen und dem ehemaligen Bosketgarten. Auf seinen Wegen kann man herrlich promenieren. Im 18. Jahrhundert wurde der Schlossgarten angelegt und später immer wieder dem Geschmack der Zeit angepasst. Sein heutiges Erscheinungsbild verdankt er der letzten wesentlichen baulichen Veränderung aus Anlass der ersten Hessischen Landesgartenschau 1994. Damals wurde der barocke Teil neu angelegt.

Zugang zum Schlossgarten von Pauluspromenade (links) und Schlossstraße

Im Zeitalter des Barock hatte Baumeister Maximilian von Welsch die Achsen zwischen Schloss und Orangerie schaffen und die Seitenmauer durch ein Gittertor öffnen lassen. Beim Promenieren erfreut sich der Flaneur an Brunnen, Grotten und Wasserbecken, bewundert steinerne Gartenskulpturen, aus denen eine bewegte Verspieltheit spricht.

Die Napoleonischen Kriege setzten dem barocken Grün ein jähes Ende. Der östliche Boskettgarten wich im 19. Jahrhundert einem Landschaftspark nach englischem Vorbild. Eichen, Linden und Kastanien regierten fortan das Parterre. Viele sind bis heute erhalten. Sie spenden Schatten an heißen Sommertagen, wenn es sich Sonnenanbeter auf einer der

Kleine Grotte

Schlossterrasse mit Schlossturm

großen Rasenflächen bequem machen. Bei einer kleinen Pause auf einer der vielen Bänke staunt man, mit wie viel Liebe und Sachverstand die barocken Beete angelegt und mit den Blumen und Stauden der Saison bepflanzt sind. Kinder können sich auf dem Spielplatz am oberen Ende des Schlossgartens zur Kurfürstenstraße hin vergnügen, außerdem gibt es dort eine besonders am Wochenende gut besuchte Minigolfanlage.

Öffnungszeiten: April–Oktober 7–22.30 Uhr, November–März 7–21 Uhr

Kommt man vom Haupteingang und hat die Fontäne in der Mitte hinter sich gelassen, geht es nach wenigen hundert Metern links des großen Wasserbeckens durch ein Tor in der Mauer über eine Holzbrücke, die über den Waidesbach führt. Dem Gehweg folgend, kommen wir zur Leipziger Straße, die wir an der Ampel überqueren.

Hundeshagenpark

Ein Weg und einige Treppenstufen und wir erreichen den Hundeshagenpark. Auch er ist beliebt bei jungen Familien, Kindern und Jugendlichen. Denn hier gibt es einen großen Kinderspielplatz, einige Tischtennisplatten und einen Bereich, um im Schatten des reichen Baumbestands Boule zu spielen. Der freundliche Park ist frei zugänglich.

Ein weiteres grünes Kleinod, das hier aber nur kurz erwähnt werden soll, befindet sich gegenüber auf der anderen Seite der Alfred-Dregger-Allee: Der Alte Dompfarrliche Friedhof wurde 1628 als städtischer Pestfriedhof angelegt und bis 1894 genutzt.

Marienfigur auf der Pestsäule

Frauenberg

Wir schlendern durch den Hundeshagenpark, überqueren den Gerloser Weg und steigen auf dem Fußweg den Berg hinauf. Der Bereich um den Frauenberg mit seinen Villen aus Gründerzeit, Jahrhundertwende und Jugendstil gehört zu Fuldas belieb-

Madonna im Strahlenkranz

testen und begehrtesten Wohngebieten. Kein Wunder, hat man die schönsten Naherholungsmöglichkeiten doch direkt vor der Haustür.

Bereits von weitem fällt die sogenannte Pestsäule auf, die eine vergoldete Figur Mariens als Himmelskönigin schmückt. Sie wurde als Friedensdenkmal aus Dankbarkeit für das Ende des Dreißigjährigen Krieges 1648 errichtet und erinnert zudem an die Pestwallfahrt der Stadt Fulda hinauf zum Frauenberg, die auf das 14. Jahrhundert zurückgeht. An der Ecke der alten Klostermauer kommen wir an einer Madonna im Strahlenkranz vorbei. Dann beginnt der letzte und steilste Teil des Aufstiegs.

Garten der Weingeschichte

Auf halber Höhe sehen wir hinunter auf den Garten der Weingeschichte. Dort macht sich der Weinhistorische Konvent Fulda seit langem verdient um die Tradition des Weinanbaus. Seit 1991 kultiviert er am sonnigen Südhang mit Unterstützung des Franziskanerklosters, der Stadt Fulda und Weinbauexperten im rauen Rhöner Klima wieder Wein in Fulda.

Die Fuldaer Weingeschichte reicht zurück bis in die frühen Tage des Klosters Fulda. Schon wenige Jahre nach dessen Gründung 744 legten Mönche am Frauenberg erste Rebhänge an. Von großer Bedeutung war eine Schenkung Karls des Großen, der das Königsgut Hammelburg der Abtei

Weinberg am Südhang

Fulda zuordnete. Zahlreiche andere Weingüter kamen in den folgenden Jahrhunderten als Schenkungen hinzu.

Der Fuldaer Fürstabt Konstantin von Buttlar erwarb 1716 die Domäne Johannisberg im Rheingau. Als der Herbstkurier aus Fulda 1775 im Rheingau die Leseerlaubnis für die Reben überbringen sollte, verspätete er sich. Der Legende nach wähnten die Mönche die faulenden Trauben schon verloren, lasen und kelterten sie aber dennoch, und zum großen Erstaunen schmeckte der Wein köstlich. So wurde die „Spätlese"

Frauenberg-Impression

erfunden. Mit ihr, dem „Spätlesereiter" und anderen Geschichten rund um die Fuldaer Weinkultur beschäftigt sich der Weinhistorische Konvent Fulda, der immer wieder Freunde des guten Tropfens zu ebenso informativen wie kurzweiligen Veranstaltungen einlädt (Internet: www.weinhistorischer-konvent.de).

> **Öffnungszeiten:** ganzjährig ohne Anmeldung von Sonnenaufgang bis Sonnenuntergang; der Blick auf den Garten vom Aufstieg zum Frauenberg aus ist immer möglich

Ein Stück noch geht es bergauf. Dann eröffnet sich auf Höhe des sogenannten Armeseelenhäuschens ein herrlicher Blick auf Fulda.

Kirche, Kloster und Klostergarten der Franziskaner auf dem Frauenberg

Vor einem Blick in den Garten des Franziskanerklosters sollte man der barocken Kirche einen Besuch abstatten. Auf dem Frauenberg war bereits unter Abt Ratgar ein Kirch- und Klosterbau errichtet worden, der 809 zu Ehren der Gottesmutter Maria geweiht wurde. Hatte er bis dahin den Namen Bischofsberg getragen, weil sich der heilige Bonifatius dort oft aufhielt, firmierte der Berg fortan als Marienberg, dann als Berg Unserer Lieben Frau. Später setzte sich der Name Frauenberg durch. Die Propstei auf dem Frauenberg wurde 1525 während des Bauernaufstands zerstört.

Nach dem Wiederaufbau wirken seit 1623 die Franziskaner auf dem Frauenberg. Nach einem schweren Brand 1757 wurden Kloster und Kirche unter Bauleitung des Franziskaners Cornelius Schmitt neu errichtet und erhielten ihr spätbarockes Erscheinungsbild.

Imposant ist die Westfassade mit dem Portal, über dem das Franziskanerwappen zu sehen ist. Heiligenskulpturen zieren die Nischen: links Bonifatius, rechts Rabanus Maurus. In der Mitte des Giebelfeldes fällt der Blick auf eine Marienstatue. Auf den Ecksockeln der Klausurmauer steht in Stein gemeißelt links der heilige Franziskus, rechts der heilige Antonius. Reich ist die Innenausstattung, besonders beachtenswert der große Hochaltar – ein Werk von Hyazinth Weigand.

Klosterkirche der Franziskaner

Blick in den Klostergarten der Franziskaner

Hinter der Kirche befindet sich der Kreuzgang, von dem aus man den Klostergarten trefflich überblickt. Auch dieser stammt aus dem Barock und bildet mit der Klosterkirche ein harmonisches Ensemble. Buchsbaumhecken fassen Pflanzfelder ein, in den Beeten wachsen Gemüse und Kräuter. Außerdem gibt es in diesem herrlichen Nutzgarten Obstbäume und farbenreiche Blumenrabatten. Hier kann man den Alltag vergessen und Ruhe tanken.

> **Ort/Kontakt:** Kloster Frauenberg, Am Frauenberg 1, 36039 Fulda, Telefon 0661 10950, www.kloster-frauenberg.de
> **Öffnungszeiten:** Der Blick auf den Klostergarten ist ganzjährig von der Nordseite hinter der Kirche aus möglich. Sollte das Tor verschlossen sein, können sich Besucher an der Pforte melden.

An der Nordwand befinden sich auch die originalen Reliefdarstellungen des barocken Kreuzweges von 1737. Die anrüh-

Stationshäuschen des Kreuzwegs

renden bewegten Szenen des Leidens Christi waren ursprünglich figurale Ausstattung der 14 Stationshäuschen, in denen heute der Passionsweg nur noch bildlich dargestellt ist.

Ihnen folgen wir nun und gelangen vom Frauenberg auf den Kalvarienberg mit seiner von Wenzeslaus Marx geschaffenen Kreuzigungsgruppe. Das eindrucksvolle Werk führt die Dramatik von Jesu Sterben vor Augen und gibt Anlass zum Innehalten.

Auf dem Weg rechts geht es den Kalvarienberg wieder hinunter. Links liegt der

Kreuzigungsgruppe auf dem Kalvarienberg

Heiliger Franziskus

Friedhof, rechts kommen wir vorbei an einer Grünfläche mit Bänken und einem Teich, an dessen Rand eine Figur des heiligen Franziskus zu sehen ist.

Wir gehen weiter entlang des Friedhofs in die Adalbertstraße, wechseln auf die rechte Seite, queren den Gerloser Weg und erreichen die Haltestelle Frauenberg.

🚌 Weiterfahrt: Haltestelle Frauenberg, Buslinie 1 (Richtung Künzell Kastanienweg), bis Haltestelle Dalberg

Alter und Mittlerer Städtischer Friedhof

Die Haltestelle Dalberg in der Goethestraße liegt direkt am Alten Städtischen Friedhof, der heute ein hübscher Park und besonders bei den Bewohnern der benachbarten Seniorenresidenz sehr beliebt ist. Der Friedhof wurde 1531 vor die damaligen Tore der Stadt verlegt. Die Kapelle entstand sechs Jahre später und erfuhr 1689 eine Erweiterung nach Osten hin. Alte Grabsteine spiegeln die Bestattungskultur ihrer Zeit wider, halten die Erinnerung wach an verdiente Bürger. Ein alter Baum-

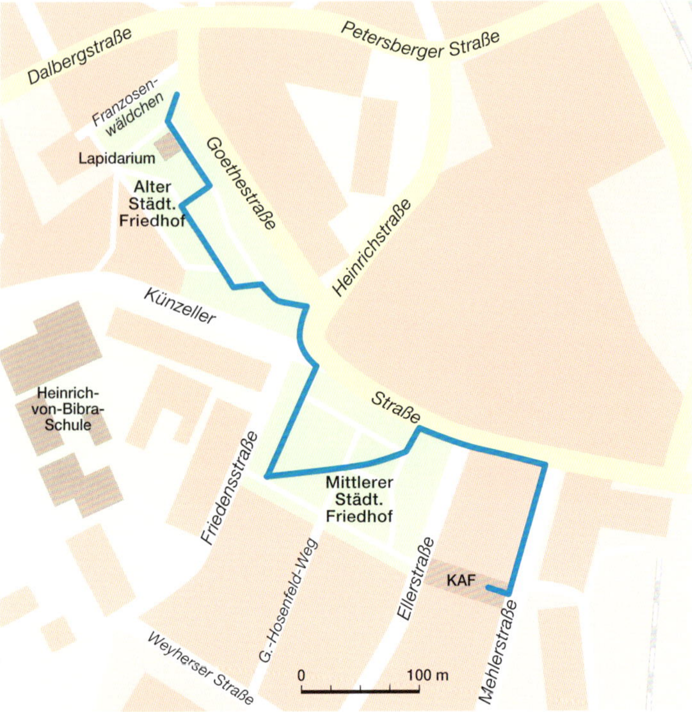

Ansichten des Alten und …

… des Mittleren Städtischen Friedhofs (Ferdinand-Braun-Park)

bestand spendet Schatten – hier und da stehen Bänke, auf denen sich durchatmen und lesen lässt.

Am anderen Ende des kleinen Parks erreicht man über Künzeller Straße und Friedensstraße den Mittleren Städtischen Friedhof, der 1877 angelegt, bis 1931 genutzt und 2012 in Ferdinand-Braun-Park umbenannt wurde, da die Urne des Nobelpreisträgers dort bestattet ist. Der Park erstreckt sich zwischen Friedensstraße und Ellerstraße. Grabdenkmäler aus der Gründerzeit und von der Jahrhundertwende sind hier erhalten.

Ein Erlebnis: Die Kinder-Akademie Fulda

Wer seinen Kleinen nach diesem Spaziergang etwas Besonderes bieten möchte, der sollte unbedingt die Kinder-Akademie Fulda (KAF) besuchen. Sie liegt in der Mehlerstraße, der nächsten Parallelstraße zur Ellerstraße an der Künzeller Straße.

Dort erfahren Jungen und Mädchen auf spielerische Weise Förderung. In altersgerecht aufbereiteten Workshops und Ferienprogrammen erarbeiten sich Kinder zwischen fünf und 14 Jahren unter Anleitung von echten Experten unterschiedlichste Wissensbereiche, beschäftigen sich aus kindlicher Perspektive

Kinder-Akademie Fulda

mit aktuellen Fragen oder arbeiten sich in bestimmte Themenkomplexe ein – egal ob aus den Bereichen Naturwissenschaft und Technik, Kunst oder Kultur.

> **Ort/Kontakt:** Kinder-Akademie Fulda (KAF), Mehlerstraße 4, 36043 Fulda, Telefon 0661 902730, Fax 0661 9027325, info@kaf.de, www.kaf.de
> **Öffnungszeiten:** Mo.–Fr. 10–17.30 Uhr, Sa. 13–17.30 Uhr (Oktober–April), So. u. Feiertag 13–17.30 Uhr. Besonderer Einlass für Gruppen mit Buchung bereits um 8.30 Uhr.
> **Führungen:** Das „Begehbare Herz" ist nur im Rahmen einer Führung begehbar, Anmeldung empfehlenswert. Führungen für Einzelbesucher Mo.–Fr. 16 Uhr, Sa. 15 u. 16 Uhr (Oktober–April). So. 15. u. 16 Uhr, in den hessischen Ferien Mo.–Fr. zusätzlich um 12 Uhr.
> **Eintritt:** Museum plus Herzführung und Begleitausstellung pro Person 6,50 Euro, Familienkarte 19,50 Euro

Eltern und Kinder, die die Kinder-Akademie Fulda kennenlernen möchten, sollten ihr am Wochenende oder in den Ferien einen Besuch abstatten. Die familienfreundliche Institution ist das älteste eigenständige Kindermuseum Deutschlands. Auf 2000 Quadratmetern gibt es viel zu sehen und zu erleben.

Das Herzstück ist das „Begehbare Herz", das mit seinen 36 Quadratmetern Grundfläche und einer stolzen Höhe von fünf Metern einzigartig in Europa ist. In einer spannenden Führung können Kinder und Erwachsene das menschliche Herz erkunden. Neben der Anatomie geht es auch um die Symbolik des Herzens, die in tagtäglich verwendeten Sprichwörtern und Begriffen („Hand aufs Herz", „herzhaft"), Liedern oder Geschichten und Märchen gegenwärtig ist. Gebaut wurde das „Begehbare Herz", dessen Besuch von der Deutschen Herzstiftung offiziell empfohlen wird, in Kooperation mit der Stiftung Deutsches Hygiene-Museum Dresden.

Außerdem gibt es wechselnde Sonderausstellungen, Ferienbildungsangebote, Kunstschule und Erfinderclub, Gruppenprogramme, Kindergeburtstage, Museumsshop und das „MuseumsKAFé", wo man sich nach diesem Spaziergang auch ein wenig stärken kann, bevor man den Heimweg antritt.

🚌 Rückfahrt: Haltestelle Kinder-Akademie Fulda, Buslinie 5, bis Busbahnhof Stadtschloss

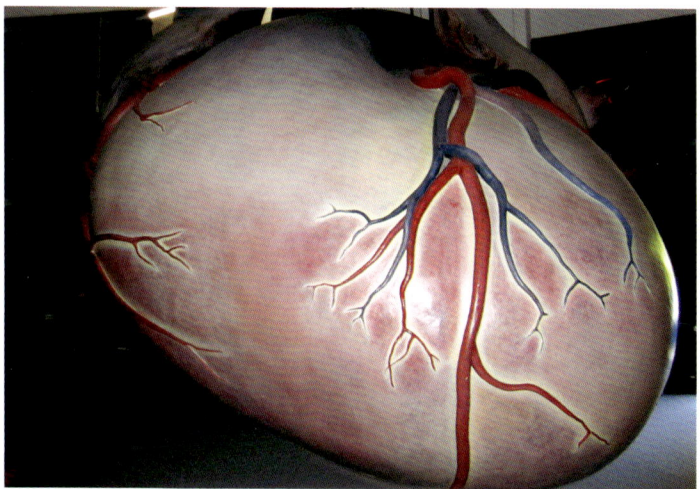

„Begehbares Herz" in der Kinder-Akademie Fulda

Viel Kultur auf kurzer Strecke – Die Löherstraße

Viel Kultur auf kurzer Strecke – Die Löherstraße

Es soll ja kulturinteressierte Leute geben, für die Laufen eher ein notwendiges Übel als einen echten Genuss darstellt. Für all jene – und natürlich für alle anderen, die gerne mal auf kurzer Strecke Eindrücke sammeln und sich von Musik und Literatur, von Kunst und anderen Köstlichkeiten des Lebens verwöhnen lassen wollen – ist dieser letzte Spaziergang gedacht. Er führt in die Löherstraße, die auf den ersten Blick ein wenig unscheinbar erscheint, aber viele Überraschungen zu bieten hat.

🚌 Hinfahrt: Busbahnhof Stadtschloss, Buslinien 3, 4, 5 oder 6, bis Haltestelle Robert-Kircher-Straße

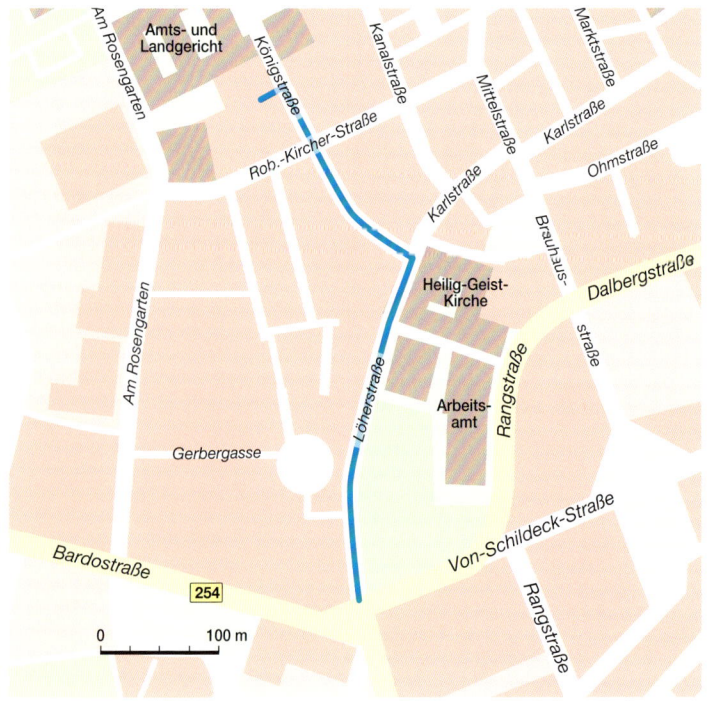

Dauer: 1 Stunde (je nach Neigung beliebig verlängerbar)
Länge: weniger als 1 Kilometer
Strecke: eben, mehrmaliges Wechseln der Straßenseite, Vorsicht: Verkehr!

Nach dem Überqueren der Robert-Kircher-Straße folgen wir der Königstraße bis zum Simpliziusbrunnen und gehen dann rechts hinein in die Löherstraße. Ihre Schönheit erschließt sich nicht in der oberflächlichen Betrachtung. Da mögen einige sagen, dass es sicher architektonisch attraktivere Straßen und Plätze in Fulda gibt. Und sie haben recht. Aber die Löherstraße besitzt einen Charme, dem man sich – hat man ihn einmal entdeckt – nur schwer entziehen kann. Dieser wird gespeist durch die Geschichte(n) dieser Gasse und nicht zuletzt durch das Engagement der Ladeninhaber, die der Straße Leben geben und Atmosphäre schenken.

Löherstraße

Vom Handwerk zum Handel

In der Löherstraße, die an der Heilig-Geist-Kirche beginnt und heute an der Bardostraße endet, gab es einst vier Stadttore, von denen keines erhalten ist. Ihren Namen verdankt sie den im Vorstadtbezirk „Stadtgraben" angesiedelten Loh- und Weißgerbern, die sich schon im 14. Jahrhundert zu einer eigenen Zunft zusammengeschlossen hatten. Sie bauten den Löbersgraben, der Wasser aus dem Fuldakanal ableitete, und nutzten das Nass für ihre Zwecke. Nichts für sensible Nasen war das. Es muss ob der Gerbflüssigkeiten oft bestialisch gestunken haben.

Wo einst Handwerker zu Hause waren, gehen heute Händler und Dienstleister ihren Geschäften nach. Zum Beispiel Franz Köhler, Inhaber des „Bettenhauses Köhler" (Hausnummer 16/18), dessen Familiengeschichte deutlich macht, dass Tradition und Wandel zusammengehören: Sein Urgroßvater Franz Rhaban Köhler war Färbermeister und gründete 1862 im Haus Nr. 16 die „Neue Mange", an die noch der Schriftzug an der Fassade erinnert. Mit einer schweren Dampfmaschine wurde Gewebe verdichtet, geglättet und glänzend gemacht. Später erweiterte er

„Bettenhaus Köhler" – einst „Neue Mange"

Schriftzug Hausnummer 20

das Angebot durch Manufakturwaren. Sein Sohn Oskar erwarb das Nachbarhaus von einem Gerber, vergrößerte und modernisierte das Geschäft, in das Bäuerinnen aus der Rhön mit Schubkarren Wolle und Leinen zum Färben brachten. In der dritten Generation gliederte Textilkaufmann Karl Köhler eine Bettfedernreinigung an und nahm Betten mit ins Sortiment auf. Mit Schönfärberei war Schluss. Dafür gab und gibt es auch bei seinem Sohn Franz Köhler heute alles, was mit gesundem Schlaf und allen damit verbundenen Bequemlichkeiten zu tun hat.

Auch im Nachbarhaus (Hausnummer 20) wurde ursprünglich das Löherhandwerk ausgeübt. Färbermeister Eduard Lindenthal erwarb das Gebäude, als er 1909 aus Oberschlesien nach Fulda kam. „Färberei Chem Reinigungs Anstalt" ist auf der Fassade zu lesen. Der Familienbetrieb entwickelte sich von der Färberei weg und spezialisierte sich auf das Reinigen von Textilien.

Teil der „Via Regia"

Außerdem waren auf der Löherstraße viele Kaufleute, Krieger und Pilger unterwegs. Denn sie war Teil der „Via Regia", der

Teil der „Via Regia"

prägenden mittelalterlichen Ost-West-Verbindung. Von Kiew bis nach Santiago de Compostela sorgte die „Via Regia" auf 4500 Kilometern für den Austausch von Waren und die Verbreitung von Nachrichten, Ideen und Sprachen.

Nach der politischen Wende in Osteuropa erinnerte man sich wieder der einstigen Bedeutung der Route. Der Europarat initiierte das Netzwerk der „Via Regia", das den Wert der Kulturstraße als Symbol des vereinten Europa unterstreichen will. Die Löherstraße war 2009 im Großraum Fulda die erste Straße, die als Teil der „Via Regia" zertifiziert wurde.

Von Kaffeekultur bis Kunstgenuss

Für kulturelle Freuden aller Art sorgen einige engagierte Individualisten. Der wabernde Gestank der Gerbflüssigkeiten ist vergessen, stattdessen weht hin und wieder ein Wohlgeruch durch die Löherstraße – immer dann nämlich, wenn Christiane Meurer und ihr Mann Wolfgang Klose in ihrer „Rösterei Kaffeekultur" (Hausnummer 22) der Kunst des Röstens frönen. Dann duftet es nach frischen Bohnen. Eine große Auswahl edler Kaffees und feiner Espressi gibt es hier für die Freunde koffeinhaltiger Köstlichkeiten.

Außerdem kann man in dem atmosphärischen Kaffeehaus bei einer Tasse Cappuccino oder einer süßen Schokolade in Ruhe Zeitung lesen oder sich auf der Terrasse die Sonne auf die Stirn scheinen lassen. Hin und wieder laden die Inhaber auch zu Lesungen ein.

Wer Literatur liebt, der wird gegenüber bei „Ulenspiegel" (Hausnummer 13) schnell fündig. Antiquariat und Buchhandlung in einem, zwingt der Laden mit seinen hohen Holzregalen den Besucher nachgerade zum Stöbern, Schauen und Blättern. Immer wieder stößt man dabei auf manch herrliche Trouvaille.

Manfred Borg, der kauzige Besitzer des „Ulenspiegel", wirkt auf den ersten Blick so rau wie die Rhön, und das Grummeln, das er von Zeit zu Zeit kraft seiner sonoren Stimme hören lässt, verstärkt diesen Eindruck noch. Dabei ist der Herr der Bücher ein warmherziger Menschenfreund, der gerne mit Rat und Tat zur Seite

Christiane Meurer an der Röstmaschine

Espresso-Genuss

Buchhandlung und Antiquariat „Ulenspiegel"

Maskottchen

steht, wenn seine Kunden nach interessantem und anspruchsvollem Lesestoff oder einer Originalausgabe ihres Lieblingsbuchs suchen. Hin und wieder lesen regionale Autoren hier aus ihren aktuellen Werken.

Klingendes Kulturgut aus zweiter Hand gibt es nebenan im „Marleen" (Hausnummer 15). Martin Hasenauer und Gundula Gwiasda haben in ihrem Laden Platten und CDs von A wie Abba bis Z wie Zappa. Fans aller Musikrichtungen können in Ruhe die Fülle an Aufnahmen durchforsten und nach Lust und Laune Probe hören. Hier gehen Hip-Hopper wie Klassik-Kenner gleichermaßen auf Schnäppchenjagd.

Liebhaber von schönen alten Dingen haben bei „Antiquitäten & Kleinkunst Leipold" (Hausnummer 26) ihre Freude. Schmuck, Lampen, Bilder, Rahmen, Schränke und Tische, Tassen und Teller von einst – das Auge weiß nicht, wo es zuerst hinblicken soll, um angesichts der vielen hübschen Sachen nichts zu übersehen. Da kommt man ins Schwärmen …

„Marleen"

„Antiquitäten & Kleinkunst Leipold"

Harstall-Wappen am einstigen Waisenhaus

Wir wechseln erneut die Straßenseite und werfen noch einen Blick auf die Fassade des Hauses mit der Nummer 17. Hier ließ Fürstbischof Adalbert von Harstall 1789, im Jahr der Französi-

„Green Swan Gallery"

schen Revolution, Fuldas erstes Waisenhaus errichten. Das Wappen des Fürstbischofs erinnert bis heute daran.

Im Haus nebenan hat 2014 die „Green Swan Gallery" (Hausnummer 19) eröffnet: ein Tattoostudio mit angeschlossener Kunstgalerie, in der wechselnde Ausstellungen zu sehen sind, die vor allem ein jüngeres Publikum ansprechen. Zuvor war hier acht Jahre lang die RED CORRIDOR Gallery zu finden. Sie hat im rund acht Kilometer entfernten Dirlos neue attraktive Galerieräume bezogen (Internet: www.redcorridor.com). Einst soll im Haus Nummer 19 Merga Bien gelebt haben. Die Tochter eines Lohgerbers war Anfang des 17. Jahrhunderts eines der rund 270 Opfer der „Hexenverfolgung" im Hochstift Fulda.

Auch Goethe kehrte hier ein

Auf der Strecke zwischen den Messestädten Leipzig und Frankfurt machten viele Händler und Reisende in der Löherstraße Station – darunter auch Johann Wolfgang von Goethe. Zwölf-

Im ehemaligen Gasthaus „Zum Schwanen" machte auch Dichterfürst Goethe Station.

„Grüner Baum" – eines der ältesten Fachwerkhäuser Fuldas

mal kam der Geheimrat und Dichterfürst durch Fulda, neunmal hat er hier übernachtet – meistens im Gasthaus „Zum Schwanen" (Hausnummer 23-25), das zugleich Posthalterei war und Jean Baptiste Oswald gehörte.

Drei Gedichte aus der Sammlung „West-östlicher Divan" soll Goethe hier zu Papier gebracht haben. Mit ein bisschen Fantasie kann man sich beim Blick in den Innenhof des heute als Wohnhaus genutzten Gebäudes vorstellen, wie der Dichter hier aus seiner Chaise gestiegen ist.

Gasthäuser gab es viele in der Löherstraße. Zu den ältesten zählte der „Grüne Baum" (Hausnummer 27). Untersuchungen des Holzes ergaben, dass es sich bei dem Gebäude um eines der ältesten Fachwerkhäuser der Stadt handelt. 1492, im Jahr der Entdeckung Amerikas, wurde es errichtet und vor einigen Jahren aufwändig saniert.

Musik und mehr

Heute ist die „Posaune" (Hausnummer 28) die populärste Wirtschaft der Löherstraße. Im heimeligen Ambiente alter Musikinstrumente und mit Wirt Klaus Volprecht am Zapfhahn finden sich hier Stammgäste, Touristen und Nachteulen ein, um das eine oder andere Bier zu trinken. Lecker ist der Flammkuchen – und dazu ein oder zwei Gläser Wein.

An manchen Abenden gibt es Live-Musik. Dann ist der Laden bis auf den letzten Platz gefüllt. Jazz hat in der „Posaune"

Wirt Klaus Volprecht in Aktion

„Posaune"

eben Tradition. Auch einige Kinogänger zieht es nach der Abendvorstellung hierher. Manche trifft man aber auch beim „Adana Imbiss" (Hausnummer 30), wo sie sich noch einen Döner schmecken lassen.

Kurz vor dem Gebäudekomplex des „CineStar" (Hausnummer 41), das vor allem bei Fans von Blockbustern beliebt ist, fällt ein rundbogiges Tor aus Sandstein auf. Es ist ein bewusst erhaltenes Relikt aus den Zeiten der frühen Industrialisierung in Fulda, die in der Löherstraße ihren Anfang nahm. Das Tor diente im 19. Jahrhundert als Eingang der Stramin-Fabrik von Burkhard Müller und Melchior Kircher und wurde als Erinnerungsstück an diese Stelle gesetzt. Das 1864 erbaute Vorderhaus (Hausnummer 29), das als Wohn- und Kontorhaus genutzt wurde, ist noch erhalten. Das Fabrikgebäude jedoch wurde vor Jahren abgerissen, ohne dass der Wert als damals älteste erhaltene Fabrik Fuldas erkannt worden wäre. Burkhard Müller war einer der Pioniere, die in Fulda auf den Einsatz einer Dampfmaschine gesetzt hatten, und schrieb als erster Millionär von Fulda Geschichte.

Altes Fabriktor

Mit dem Kinogebäude endet die Löherstraße und damit auch dieser Spaziergang. Zeit also, sich entweder einen aktuellen Streifen anzuschauen oder über das historische Pflaster der Löherstraße langsam zurückzuschlendern, dort einzukehren und danach in der Königstraße wieder in den Bus zu steigen.

🚌 Rückfahrt: Haltestelle Robert-Kircher-Straße, Buslinien 3, 4, 5 oder 6, bis Busbahnhof Stadtschloss

Service

Das Tourismus- und Kongressmanagement Fulda bietet einen reichhaltigen Service. Anfragen aller Art werden vom freundlichen Team gerne beantwortet. In der Tourist-Information im Palais Buttlar am Bonifatiusplatz gibt es unter anderem Hilfe bei der Hotelbuchung, attraktive Pauschalen für Wochenendtouristen, vielfältige Tagungsangebote und selbstverständlich Stadtführungen, die hier täglich starten. Außerdem hält die Servicestelle aktuelle Broschüren und Flyer zu Attraktionen und Veranstaltungen bereit. Das komplette Portfolio des Tourismus- und Kongressmanagements Fulda sowie viel Wissenswertes über Fulda und seine Sehenswürdigkeiten gibt es unter der unten angegebenen Internetadresse.

Ort/Kontakt: Tourismus- und Kongressmanagement Fulda, Bonifatiusplatz 1, Palais Buttlar, 36037 Fulda, Telefon 0661 1021814, Fax 0661 1022811, tourismus@fulda.de, www.tourismus-fulda.de
Öffnungszeiten: Mo.–Fr. 8.30–18 Uhr, Sa., So. u. Feiertag 9.30–16 Uhr. Geschlossen am 24., 25. und 26. Dezember, 1. Januar und Rosenmontag.

Eine Fülle von Informationen finden Interessierte zudem im Internetauftritt der Stadt Fulda (Internet: www.fulda.de).

Die Verkehrsbetriebe der RhönEnergie Fulda sorgen mit einer Flotte moderner Fahrzeuge für gute Verbindungen im öffentlichen Personennahverkehr. Das Liniennetz ist integriert in den Rhein-Main-Verkehrsverbund, das größte Verbundnetz Europas. Alle Fahrpläne und Verbindungen in der Stadtregion Fulda und aktuelle Fahrpreise finden Sie auf der Homepage der RhönEnergie Fulda (Internet: www.re-fd.de) in der Rubrik „Nahverkehr". Fragen zum Stadtverkehr werden darüber hinaus auch telefonisch beantwortet unter 0661 12-375.

Literatur

Bei der Arbeit an diesem Band wurde auf folgende Literatur zurückgegriffen, die für eine vertiefende Auseinandersetzung mit dem jeweiligen Thema empfohlen wird:

Otto Berge: Fuldas öffentliches Bankwesen vorwiegend im 19. Jahrhundert. Hg. von der Städtischen Sparkasse Fulda und Landesleihbank Fulda. Fulda: 1974.

Bonifatius. Vom angelsächsischen Missionar zum Apostel der Deutschen. Zum 1250. Todestag des heiligen Bonifatius. Katalog zur Ausstellung 3. April bis 4. Juli 2004. Vonderau Museum Fulda – Kataloge, Band 10. Hg. von Gregor K. Stasch. Fulda: 2004.

Johannes Antonius Bornewasser: Kirche und Staat in Fulda unter Wilhelm von Oranien 1802–1806 (Quellen und Abhandlungen zur Geschichte der Abtei und der Diözese Fulda 19). Fulda, Utrecht, Nimwegen: 1956.

Denkmaltopographie. Kulturdenkmäler in Hessen Stadt Fulda. Hg. vom Landesamt für Denkmalpflege Hessen. Braunschweig/Wiesbaden: 1992.

Der Bonifatiusweg. Die Wurzeln Europas entdecken. Die besondere Kulturreise vom Abendland zum modernen Europa. Hg. von Wolfgang Hamberger und Eitel J. Vida. Monografie. Köln: 2004.

Karl Suso Frank: Franziskanerkirche Frauenberg-Fulda. 2. Auflage. München, Zürich: 1981.

Gartenkulturpfad. Ein Projekt der Stadt Fulda und der Deutschen Gartenbau-Gesellschaft. Der Katalog. Hg. von der Stadt Fulda. 2. Auflage. Fulda: 2003.

Geschichte der Stadt Fulda. Band 1. Von den Anfängen bis zum Ende des Alten Reiches. Hg. vom Fuldaer Geschichtsverein. Redaktion: Wolfgang Hamberger, Thomas Heiler, Werner Kirchhoff. Fulda: 2008.

Geschichte der Stadt Fulda. Band 2. Von der fürstlichen Residenz zum hessischen Sonderstatus. Hg. vom Fuldaer Geschichtsverein. Redaktion: Wolfgang Hamberger, Thomas Heiler, Werner Kirchhoff, Fulda: 2009.

Johannes Hattendorff: Geschichte des evangelischen Bekenntnisses in der Stadt Fulda. Hamburg, Fulda: 1903.

100 Jahre Evangelische Christuskirche Fulda. Zur Freiheit hat uns Christus befreit! Galater 5,1. Festschrift. Hg. vom Kirchenvorstand der Christuskirche Fulda. Fulda: 1996.

Josef Leinweber: Die Fuldaer Äbte und Bischöfe. Frankfurt am Main: 1989.

Alfred Meißner: Rococo-Bilder. Nach Aufzeichnungen meines Großvaters. Lindau, Leipzig: 1876.

Ingrid Möller-Münch: „... ach Gott, so will ich es gethan haben". Das Leben der Merga Bien. Beitrag zur Hexenverfolgung im Hochstift Fulda 1603-1606. Eichenzell: 2008.

Michael Mott: Fulda einst und heute. Wenn Häuser, Plätze und Straßen Geschichte(n) erzählen. Band 1. Fulda: 2000.

Michael Mott: Fulda einst und heute. Wenn Häuser, Plätze und Straßen Geschichte(n) erzählen. Band 2. Fulda: 2001.

Michael Mott: Fulda einst und heute. Wenn Häuser, Plätze und Straßen Geschichte(n) erzählen. Band 3. Fulda: 2003.

Ludwig Müller: „Als Bauersfrauen noch mit Schubkarren Wolle und Leinen zum Färben brachten". In: Fuldaer Zeitung, 10. September 1987, Seite 14.

Ludwig Müller: Fulda wie es einmal war. Ein Stadtbummel durch Alt-Fulda. 2. Auflage. Fulda: 1991.

Christoph Nicht: Das Dommuseum Fulda. Hg. vom Domkapitel Fulda. Fulda: 1996.

Meinolf Siemer und Andreas Dobler: Der Park. Ein Gartendenkmal des 18. und 19. Jahrhunderts am Schloss Fasanerie. Begleitbuch zur Sonderausstellung und Führer durch den Park. Hg. von der Hessischen Hausstiftung Museum Schloss Fasanerie. Eichenzell: 1994.

St. Andreas in Fulda-Neuenberg. Hg. von Winfried Abel. Petersberg: 2007.

Gregor Stasch: Schloss und Orangerie in Fulda. Königstein im Taunus: 1980.

Erwin Sturm: Die Bau- und Kunstdenkmale des Fuldaer Landes. Band 1. Altkreis Fulda. 2., neu verfasste Auflage. Fulda: 1989.

Erwin Sturm: Die Bau- und Kunstdenkmale der Stadt Fulda. Band 3 der Reihe: Die Bau- und Kunstdenkmale des Fuldaer Landes. Fulda: 1984.

„Wachse hoch, Oranien!" Auf dem Weg zum ersten König der Niederlande: Wilhelm Friedrich Prinz von Oranien-Nassau als regierender deutscher Fürst. 1802-1806: Fulda + Corvey + Dortmund + Weingarten. Hg. von der Bürgerschaftlichen Initiative. Münster, New York, München, Berlin: 2013.

Christoph Weber: Beiträge zur Geschichte des Städtischen Krankenhauses in Fulda 1804-1870. In: 150 Jahre Fuldaer Krankenhaus. Eine Gedenkgabe. Fuldaer Geschichtsblätter 31 (1955) S. 113-235.

Uwe Zuber: Staat und Kirche im Wandel. Fulda von 1752-1830 (Quellen und Forschungen zur hessischen Geschichte 93). Darmstadt/Marburg: 1993.

200 Jahre evangelische Gemeinde in Fulda. Festschrift. Hg. von der Evangelischen Gesamtgemeinde Fulda. Fulda: 2003.

Bildnachweis

Die in diesem Band abgedruckten Bilder stammen – von folgenden Ausnahmen abgesehen – vom Autor: Die Abbildung des Bury-Porträts von Wilhelm Friedrich von Oranien-Nassau (Seite 107) wurde von der Kulturstiftung des Hauses Hessen, Museum Schloss Fasanerie, Eichenzell, zur Verfügung gestellt. Für die Ansicht des Klostergartens der Abtei zur Heiligen Maria (Seite 135) zeichnet der Fotograf Arnulf Müller verantwortlich. Der Abdruck des Linienplans (Seiten 174+175) erfolgte mit freundlicher Genehmigung der RhönEnergie Fulda.

Autorenporträt

Klaus H. Orth, geboren 1970 in Fulda, studierte in Bamberg Germanistik, Journalistik und Kunstgeschichte. Im Anschluss war er Kulturredakteur der „Fuldaer Zeitung", für die er neben anderen Printmedien seit 1990 gearbeitet hat. Ab 2008 sammelte der Journalist Erfahrungen in der PR-Abteilung eines Unternehmens und absolvierte parallel dazu ein Studium zum PR-Berater. Der überzeugte Fuldaer ist als freier Autor, Journalist sowie im Bereich Öffentlichkeitsarbeit unter anderem für Künstler und Kultureinrichtungen tätig.

Noch mehr Städtetouren

Kassel zu Fuß
ISBN 978-942921-52-7

Frankfurt zu Fuß
ISBN 978-95542-093-2

Mainz zu Fuß
ISBN 978-942921-30-5

Bad Homburg zu Fuß
ISBN 978-95542-045-1

Wiesbaden zu Fuß
ISBN 978-942921-77-0

Marburg zu Fuß
ISBN 978-95542-046-8

ERHÄLTLICH IM BUCHHANDEL ODER

„zu Fuß":

FRANKFURTER SOCIETÄTS-
MEDIEN GMBH

Damstadt zu Fuß
ISBN 978-95542-117-5

Offenbach zu Fuß
ISBN 978-95542-102-1

Würzburg zu Fuß
ISBN 978-95542-015-4

Heidelberg zu Fuß
ISBN 978-95542-092-5

Nürnberg zu Fuß
ISBN 978-95542-104-5

Saarbrücken zu Fuß
ISBN 978-95542-082-6

je 12,80 €

AUF WWW.SOCIETAETS-VERLAG.DE

Netzplan der Stadtbuslinien Fulda

HVZ ✓	Hauptverkehrszeit
	Montag bis Freitag 05:15 Uhr bis 19:00 Uhr
	Samstag 09:00 Uhr bis 15:00 Uhr

SVZ ✓	Schwachverkehrszeit
	Montag bis Freitag 19:00 Uhr bis 22:45 Uhr
	Samstag 07:00 Uhr bis 09:00 Uhr
	15:00 Uhr bis 22:45 Uhr
	Sonn-/Feiertag 10:30 Uhr bis 22:45 Uhr

Linie		Zeitweise Bedienung laut Fahrplan Linienführung (Kurzbeschreibung)
1	HVZ ✓	**Künzell** – Klinikum – ZOB – Stadtschloss – Herz-Jesu-Krankenhaus – **Aschenberg / Ost**
1	SVZ ✓	**Künzell** – Gesundheitsamt – ZOB – Stadtschloss – Herz-Jesu-Krankenhaus – **Aschenberg / Ost**
2	HVZ ✓ SVZ ✓	**Ziehers Süd** – Klinikum – ZOB – Stadtschloss – Horas – **Aschenberg / West**
2A	HVZ ✓	**Stadtschloss** – Horas – **Gläserzell**
2B	HVZ ✓	**Stadtschloss** – Horas – Gläserzell – **Lüdermünd**
3	HVZ ✓	**Istergiesel – Harmerz – Johannesberg** – Stadtschloss – ZOB – Neuenberg – **Maberzell / Bimbach / Trätzhof**
3	SVZ ✓	**Stadtschloss** – ZOB – Neuenberg – **Maberzell / Bimbach**
4	HVZ ✓	**Haimbach / Malkes / Oberrode** – Stadtschloss – Kaiserwiesen – **Edelzell**
4	SVZ ✓	**Stadtschloss** – Neuenberg – **Haimbach**
5A	HVZ ✓	**Pilgerzell** – Bachrain – ZOB – Stadtschloss – **Niederode / Giesel**
5A	SVZ ✓	**Pilgerzell** – Bachrain – ZOB – Stadtschloss – Zell – Harmerz – **Johannesberg**
5B	HVZ ✓	**Pilgerzell** – Stadtschloss – Haderwaldsiedlung – **Fulda Galerie**
6	HVZ ✓	**Bronnzell** – Kohlhaus – Stadtschloss – ZOB – Hochschule – **Marbach / Bernhards**
6	SVZ ✓	**Bronnzell** – Kohlhaus – Stadtschloss – ZOB – Hochschule – **Niesig**
7	HVZ ✓ SVZ ✓	**Engelhelms** – ZOB – **Stadtschloss**
8	HVZ ✓	**Petersberg Ost** – ZOB – Horas – **Niesig**
9A	HVZ ✓ SVZ ✓	**Ziehers Nord** – ZOB – Stadtschloss – Klinikum – **Petersberg Nord**
9B	HVZ ✓ SVZ ✓	**Petersberg Nord** – Klinikum – Stadtschloss – ZOB – **Ziehers Nord**